Claudia Beckers-Dohlen

Das Römische Reich

◊

Karfunkel-Verlag • Wald-Michelbach

Umschlaggestaltung: Atelier Wolf, Wald-Michelbach
Lektorat: Christine Hein
Druck: Strube OHG Felsberg
ISBN: 3-935616-14-7

INHALT

DIE ANFÄNGE ROMS

Das meiste, das wir über die Gründung Roms wissen, entstammt der Sagenwelt. Aeneas, der Sohn der Göttin Venus, der im Trojanischen Krieg gegen die Griechen gekämpft hatte, konnte beim Fall Trojas fliehen. Nach langer Irrfahrt gelangte er nach Italien, wo ihn der König von Latium – der Region, in der später Rom entstand – aufnahm und mit seiner Tochter verheiratete.

Sein Sohn Ascanius gründete am Südufer des Tiber die Stadt Alba Longa, über die seine Nachkommen mehrere Jahrhunderte lang herrschten, bis es zum Streit zwischen zwei Prinzen kam. Einer von beiden wurde vertrieben, doch seine Tochter Rhea Silvia gebar dem Kriegsgott Mars die Zwillinge

Der Sage nach säugte eine Wölfin die Zwillinge Romulus und Remus, die Begründer Roms.

Romulus und Remus. Der siegreiche Prinz wollte die Kinder töten lassen. Sie wurden in einem Korb auf dem Meer ausgesetzt, der jedoch in den Tiber zurücktrieb und sich in einem Baum am Ufer verfing. Eine Wölfin fand die Zwillinge und säugte sie, bis ein Hirte sie zu sich nahm.

Als sie erwachsen waren, töteten Romulus und Remus den siegreichen Prinzen, der mittlerweile König geworden war, und setzten ihren Großvater an seiner Stelle auf den Thron. Die Zwillinge selbst gründeten im Jahre 753 v. Chr. auf dem Hügel Palatin, wo die Wölfin sie genährt hatte, eine neue Stadt. Sie zogen einen Graben darum, der nach alter Sitte als Stadtmauer galt, und gaben ihr den Namen Roma. Bald brach aber auch zwischen den Brüdern ein Streit darüber aus, wer denn der Herr über Roma sei. Die Götter entschieden zugunsten von Romulus, worüber Remus so enttäuscht war, daß er zum Hohn über den Graben sprang, um zu zeigen, wie unbedeutend die Stadt sei. Romulus erschlug daraufhin seinen Bruder und war von nun an alleiniger Herrscher über Rom.

Soweit die Legende. Aus wissenschaftlicher Sicht liegen die Ursprünge der Stadt völlig im Dunkeln. Archäologische Grabungen auf dem Palatin förderten zwar Siedlungsreste aus dem 10. Jahrhundert v. Chr. zutage, doch konnten die Forscher auch auf den anderen der sieben Hügel unabhängig voneinander solche Spuren nachweisen. Soweit wir wissen, schlossen sich diese Siedlungen erst Anfang des 6. Jahrhunderts v. Chr. zusammen und errichteten eine feste Mauer ringsum. Damit beginnt die Geschichte der Stadt Rom, die über tausend Jahre lang die bedeutendste Macht Europas darstellen sollte.

Die umliegenden Sümpfe erleichterten die Verteidigung, eine Furt diente dem Handel zu Lande, und das Meer war über den Fluß Tiber schnell zu erreichen. Die Niederung in-

Jupiter Optimus Maximus, der höchste Gott der römischen Republik

mitten der Hügel wurde durch unterirdische Entwässerungskanäle trockengelegt, so daß auch hier gesiedelt werden konnte. Im Herzen der neuen Stadt legten die Bewohner einen Marktplatz an, das Forum Romanum, das fortan den Mittelpunkt der Stadt bildete. Auf einem der Hügel, dem Capitol, errichteten sie einen Tempel für ihren obersten Gott Jupiter und die Burg für ihren etruskischen König.

Die Etrusker, ein hochentwickeltes Volk, dessen Ursprünge

Roms Anfänge im 6. Jh. v. Chr.:
Die sieben Hügel und das Forum Romanum

unbekannt sind, waren möglicherweise aus Kleinasien nach Italien eingewandert und hatten sich in der heutigen Toscana angesiedelt. Binnen kurzem unterwarfen sie ganz Latium und bildeten die Herrscherschicht in den einzelnen Dörfern und Städten, darunter auch Rom. Mehrere Generationen wurde die Stadt der sieben Hügel von etruskischen Königen regiert, bis es um 510/509 v.Chr. zum Aufstand kam: Unter der Führung des Iunius Brutus stürzten die Römer die Königsherrschaft und verjagten die Etrusker aus ihrer Stadt. Ihren neu entstandenen Staat nannten sie Republik, *res publica*, die „öffentliche Sache". Nie wieder sollte ein König oder sonst ein Einzelner die Herrschaft ausüben, sondern das Volk. Allerdings war es zunächst eine Adelsrepublik, denn nur der Adel stellte die Beamten, die gewählt wurden.

DIE REPUBLIK ENTSTEHT

Eigentlich waren die Römer ein Volk von Bauern. Die reichen Grundbesitzer unter ihnen bildeten den Adel, deren älteste Familienoberhäupter *patres*, Väter, genannt wurden. Diese *patres* standen Pate für den Begriff, der die Adelsschicht während der gesamten römischen Geschichte bezeichnen sollte: die Patrizier. Ihnen gegenüber stand das einfache Volk, lateinisch *plebs*, die Plebejer. Zu den Plebejern zählten aber nicht nur die Bauern und Pächter, die einem Grundherrn verpflichtet waren und dessen Land bearbeiteten, sondern auch die unabhängigen Bauern, alle Handwerker und die Händler.

Die einzelnen Regierungsaufgaben wurden auf verschiedene Beamte, die Magistraten, aufgeteilt, die natürlich aus den Reihen der Patrizier stammten. An der Spitze standen zwei Konsuln, die die oberste Staatsgewalt innehatten und deren

Der Konsul war der höchste Amtsinhaber in der Republik; um das Machtgleichgewicht beizubehalten, gab es stets zwei Konsuln, die ihr Amt immer nur für ein Jahr innehatten.

Amtszeit ein Jahr betrug. Die Kollegialität des Amtes sollte sicherstellen, daß nicht eine Person die Macht an sich reißen und es wieder zur Königsherrschaft kommen konnte. Nur in äußersten Notzeiten durften die Konsuln einen Diktator berufen, der maximal sechs Monate Alleinherrscher war. In den Machtbereich der Konsuln fiel neben dem Oberkommando über die militärischen Angelegenheiten in Kriegszeiten auch das Strafen und Töten innerhalb der Stadt. Als äußeres Zeichen dieser Befugnisse schritten ihnen in der Öffentlichkeit stets zwölf Liktoren voraus – Beamte, die mit Rutenbündel und Beil ausgestattet waren und dieses auf Anweisung der Konsuln auch benutzten.

Verantwortlich für die Rechtsprechung und das Gerichtswesen im allgemeinen waren die Prätoren, die später auch die Statthalter der Provinzen wurden. Sämtliche Finanzangelegenheiten oblagen den Quästoren, die Ädilen führten die Aufsicht über Straßen, Plätze, Märkte, Gebäude sowie den Verkehr und waren für öffentliche Veranstaltungen und Spiele zuständig. Alle diese Beamten oder Magistrate wurden nur für ein Jahr gewählt, und jedes Amt wurde wie das der Konsuln doppelt besetzt. Beide Amtsinhaber verfügten über die gleiche Gewalt und konnten jeweils Einspruch gegen die Befehle des anderen erheben. Damit war zumindest im Ansatz eine Teilung der Macht gegeben, und durch den jährlichen Wechsel konnte sich niemand mehr zum König oder Diktator aufschwingen.

Den Kern der Regierung bildete der Senat. Er setzte sich aus Patriziern zusammen, die bereits eine Amtszeit als Magistrat hinter sich hatten, und war auf 300 Senatoren beschränkt. Der Senat tagte in einem eigenen Gebäude, der sogenannten Curia unterhalb des Capitols. Einer der Konsuln eröffnete die Versammlung, indem er die Punkte, über die

Der Senat

verhandelt werden sollte, vorstellte und die Senatoren um ihre Meinung dazu bat. Die Reihenfolge der Redner war streng vorgeschrieben, beginnend mit dem Senatsvorsitzenden, dem *princeps senatus*, weiter über die altehrwürdigen Väter bis hin zu den jüngeren Mitgliedern zum Schluß. Der Senat beriet über alle Fragen, die die Öffentlichkeit betrafen. Zwar konnte er keine Gesetze beschließen oder ausführen, wohl aber die Vorlagen dazu ausarbeiten. Ein mit Mehrheit verabschiedeter Beschluß (*senatus consultum*) besaß unbedingte Gültigkeit, und das hohe Ansehen des Gremiums verhinderte jeglichen Widerspruch.

Dem Senat gegenüber stand die Volksversammlung, die den Willen des Volkes vertrat. In ihren Aufgabenbereich fiel die Abstimmung über die Gesetzesvorlagen des Senats, die Wahl der Magistrate für die einzelnen Ämter, die Entscheidung über Krieg und Frieden sowie das Fällen von Gerichts– und Todesurteilen. Von sich aus konnte das Volk allerdings nicht tätig werden, denn nur die Konsuln und Prätoren hatten das Recht, die Volksversammlung einzuberufen. Zudem durfte über die einzelnen Vorschläge und Anträge nur mit Ja oder Nein abgestimmt, nicht aber nochmals darüber diskutiert oder etwas abgeändert werden. Jede Entscheidung, egal ob Gesetz, Wahlergebnis oder Urteil, war erst dann gültig, wenn der leitende Beamte das Ergebnis der Abstimmung ungehindert verkündet hatte.

Die Bürger waren in Klassen unterteilt, abhängig von Besitz und Einkünften. Die höchste Vermögensklasse bildete zugleich die Mehrheit der Volksversammlung, so daß auch in diesem Gremium die eigentliche Herrschaft in Händen der sozialen Oberschicht lag.

Für die Zuweisung der Bürger in die einzelnen Vermögensklassen waren wiederum bestimmte Beamte, die Zensoren, zuständig. Sie schätzten Einkünfte und Besitz jedes einzelnen und stuften ihn in die entsprechende Klasse ein. Zudem legten sie fest, wer dem Senat angehören sollte, wobei hierfür nicht nur das Vermögen, sondern vor allem das Ansehen des jeweiligen Patriziers eine Rolle spielte.

AUFSTAND DER PLEBEJER

Der Unterschied zwischen Plebejern und Patriziern war enorm. Beide Stände waren zwar frei, doch besaßen sie nicht dieselben politischen Rechte. Nicht nur, daß ausschließlich Patrizier Ämter bekleiden und im Senat sitzen durften – sie schlossen ihren Stand auch nach unten dadurch ab, daß Ehen mit Plebejern streng verboten waren. Allerdings konnte der Adel nicht auf die Plebejer verzichten, denn wer hätte sonst in den Kriegen gegen die feindlichen Nachbarn gekämpft? Und derer gab es viele. Üblicherweise wurden Kriegszüge nur im Sommer geführt, und das bedeutete, daß die Plebejer ihre Arbeit ruhen lassen und in den Kampf ziehen mußten. Die Felder blieben brach liegen, Handel und Handwerk stagnierten, der Verdienst fiel aus. Viele waren gezwungen, Kredite aufzunehmen, doch wer seine Schulden nicht zurückzahlen konnte, verlor seine Freiheit. Daß das als ungerecht empfunden wurde, zumal die Hauptlast des Krieges auf den Schultern des Volkes ruhte, liegt auf der Hand.

Auf der anderen Seite gab es allerdings auch Plebejer, die durch Handel so reich wie mancher Patrizier geworden waren

In der frühen Republik war ein Großteil der Bevölkerung Bauern.

und die deshalb Mitbestimmungsrecht im Senat forderten.

Beide, sowohl die armen als auch die reichen, trugen ihre Forderungen wiederholt dem Senat vor, doch die Patrizier wollten ihre Macht nicht teilen. 494 v. Chr. kam es zum unblutigen Aufstand. Die Plebejer verließen geschlossen die Stadt und zogen auf den sogenannten Heiligen Berg (*mons sacer*) außerhalb der Mauern, um dort eine eigene Gemeinschaft zu gründen.

Da die Patrizier ohne Bauern, Handwerker und Kaufleute nicht existieren konnten, waren sie gezwungen einzulenken. Es kam zur Versöhnung, und den Plebejern wurde eine Reihe von Rechten eingeräumt. Sie erhielten eigene Beamte, die Volkstribune, die als gleichberechtigte Magistrate anerkannt wurden. Die Volkstribune wurden jährlich als Vertreter der Plebejer in der Volksversammlung gewählt, hatten das Recht, jedem durch einen Magistraten bedrohten Bürger zu Hilfe zu kommen, und waren unverletzlich (*sacrosanct*), d.h. niemand durfte sie angreifen. Ihr wichtigstes Machtmittel war das Veto: Sie konnten im Interesse der Bürger jederzeit gegen eine Maßnahme der Regierung Einspruch erheben, an Senatssitzungen teilnehmen und auch hier ihr „*Veto!*“ (= lat. „ich verbiete es!“) gegen Beschlüsse einlegen und diese damit verhindern, Todesurteile bei Gericht aufschieben und den Fall der Volksversammlung zur Abstimmung vortragen sowie die Volksversammlung selbst leiten. Beschlüsse, die bei solchen Versammlungen gefaßt wurden, hießen Plebiszite und wurden nach kurzer Zeit ebenso vom Senat anerkannt wie Beschlüsse der allgemeinen Volksversammlung.

Nach und nach konnten die Plebejer mit Hilfe der Volkstribunen ihren Einfluß auf die Regierung ausweiten. Das Eheverbot zwischen den Ständen wurde aufgehoben, und insgesamt neun Familien schafften den Einzug in den Senat, indem sie zuvor in die Staatsämter gewählt worden waren. 367 v. Chr. gab es sogar den ersten plebejischen Konsul. Dennoch bestand keine wirkliche Gleichberechtigung zwischen den beiden Ständen, da nur die reichen Plebejer Anteil an der Macht erhielten. Zusammen mit den alten Patrizierfamilien bildeten sie den neuen Adel Roms, die Nobilität (*nobilis* = lat. edel).

ZWÖLFTAFELGESETZ

Um 450 v. Chr. ließ der Senat das bisher geltende Gewohnheitsrecht, also das Recht, das allgemein angewendet wurde, sammeln und aufzeichnen. Die Volksversammlung beschloß, die Rechtsgrundsätze in 12 Erztafeln einzumeißeln und sie auf dem Forum aufzustellen, damit jeder Kenntnis davon erhielt und sich darauf berufen konnte.

Dieses Zwölftafelgesetz machte erstmalig keinen Unterschied mehr zwischen Patriziern und Plebejern. Es legte beispielsweise die Höhe von Strafen und Bußen, aber auch des maximalen Zinssatzes bei Schulden fest, gestattete die private Rache nur noch nach vorangegangenem Richterspruch, befaßte sich mit Erbschaftsangelegenheiten und regelte die diversen gerichtlichen Abläufe.

DER AUFSTIEG DER REPUBLIK

Zu Beginn der Republik war Rom nur wenige hundert Quadratkilometer groß. Ringsum griffen die Etrusker immer wieder an, um sich das verlorene Gebiet zurückzuholen, so daß sich die Stadt ständig verteidigen mußte, ohne an Expansion

Erst im Laufe des 4. Jh. v. Chr. gelang es den Römern, die etruskische Macht abzuschütteln; bis dahin waren die Etrusker die unangefochtenen Herrscher Italiens und damit des gesamten Landes rings um die Stadt Rom.

denken zu können. Erst über hundert Jahre nach der Vertreibung des letzten etruskischen Königs gelang es den Römern, sich militärisch gegen ihre früheren Herren durchzusetzen. Im Jahre 396 v. Chr. eroberten und zerstörten sie die Etruskerstadt Veji nach zehnjährigem Krieg. Mit anderen Städten, die Rom ebenfalls regelmäßig bedroht hatten, wurden Bündnisse geschlossen.

Doch kurze Zeit später zog eine neue Gefahr heran: die Kelten. Von den Römern Gallier genannt, strömte dieses Volk zu Beginn des 4. Jahrhunderts von Norden her in die Poebene und über den Appenin und besetzte weite Landstriche. Ein Stamm zog unter der Führung seines Königs Brennus sogar noch weiter südwärts durch das Land der Etrusker. Das römische Heer marschierte ihm entgegen, und im Jahre 387 v. Chr. kam es an der Allia, einem Nebenfluß des Tiber, zur Schlacht. Die Römer wurden vernichtend geschlagen, nur ein kleiner Rest konnte sich über den Tiber retten, und die Gallier besetzten Rom. Die Bevölkerung floh aus der Stadt. Lediglich die Bewohner der Burg auf dem Capitolshügel blieben zurück und wehrten sich gegen den gallischen Ansturm. Über die Friedensverhandlungen berichtet der römische Geschichtsschreiber Livius:

> *„Der Militärtribun Q. Sulpicius verhandelte mit Brennus, und als Lösegeld wurden 1000 Pfund Gold auferlegt. […] Die Gallier aber brachten falsche Gewichte mit, und als der Tribun Einspruch erhob, warf ein Gallier noch sein Schwert in die Waagschale und rief ‘Vae victis!’ (Wehe den Besiegten!).“*
>
> (Livius, Geschichte, 5, 23–33)

Iunius Brutus soll die Vertreibung des letzten etruskischen Königs aus Rom zu verdanken sein.

Italien in der frühen Republik (5./4. Jh. v. Chr.)

Die Römer gaben alles Gold, das sie besaßen, und die Gallier zogen ab. Zum Schutz vor künftigen Angriffen errichteten sie eine neue Festungsmauer rings um die Stadt. Die Bündnisse mit den übrigen Städten Latiums halfen ihnen, die Gallier bis nach Norditalien zurückzudrängen.

Die militärische Stärke Roms wuchs immer mehr, so daß die Römer zu Beginn des 3. Jahrhunderts v. Chr. bereits die Vorherrschaft über ganz Mittelitalien samt der früheren etruskischen Gebiete gewonnen hatten. In den Küstenregionen im Süden saßen allerdings die Griechen, die hier wie überall an den Küsten rings um das Mittelmeer im Laufe der letzten Jahrhunderte ihre Handelsniederlassungen zu Kolonien ausgebaut hatten. Roms Versuche, Süditalien ebenfalls unter seine Herrschaft zu bringen, stießen auf Widerstand. Nach kurzer Zeit unterwarfen sich allerdings die meisten Städte – bis auf Tarent, das den Diadochenkönig Pyrrhus von Epirus zu Hilfe rief. (Die Diadochen waren die Nachfolger des makedonischen Königs Alexander des Großen). Pyrrhus' kriegerische Fähigkeiten waren den Römern überlegen und brachten ihm viele kleinere Siege, doch insgesamt wogen die Verluste in seinen eigenen Reihen sehr schwer. 272 v. Chr. mußte er sich schließlich ergeben, und Tarent unterstellte sich als letztes der römischen Herrschaft. Ganz Italien bis auf den gallisch besetzten Norden gehörte nun Rom.

Dabei handelte es sich aber nicht um ein großes Reich, sondern eher um eine Art Bündnisstaat. Mit den Städten, die sich freiwillig unterworfen hatten, wurden Verträge geschlossen, die ihnen eine gewisse Selbständigkeit bewahrten. Rom bezeichnete sie als Bundesgenossen, die nur im Kriegsfall Truppen stellen mußten, sich aber ansonsten um ihre innere Verwaltung selbst kümmern durften. Sie besaßen allerdings

21

nicht das römische Bürgerrecht und konnten entsprechend auch nicht an der Volksversammlung teilnehmen. Die Einwohner der latinischen Gebiete erhielten eine Art Sonderstellung, denn sie durften z. B. auf römischem Staatsgebiet siedeln und Römer heiraten.

Städte, die lange Widerstand geleistet hatten, wandelten die

312 v. Chr. ließ der Konsul Appius Claudius mit dem Bau einer Fernstraße, der nach ihm benannten Via Appia, beginnen; bereits um die Mitte des 3. Jh. v. Chr. hatten die Römer ein dichtes Netz aus gepflasterten Fernstraßen angelegt.

Römer in sogenannte Militärkolonien um. Der Führungsschicht wurde der Besitz entzogen, zu römischem Staatsland erklärt und mit römischen und latinischen Bürgern besiedelt. Auf diese Weise verbreitete sich nicht nur die lateinische Sprache, sondern auch die römische Lebensart im ganzen Land. Um die Mitte des 3. Jahrhunderts v. Chr. beherrschte Rom ein Gebiet von etwa 130.000 qkm mit etwa 3 Mio. Einwohnern, von denen höchstens ein Drittel das römische Bürgerrecht besaß.

Um die Städte mit Rom zu verbinden und dadurch den Handel zu fördern, wurde nach und nach ein Straßennetz aus gepflasterten Fernstraßen angelegt. Die älteste, die bekannte Via Appia (benannt nach dem Konsul Appius, der sie bauen ließ), führte von Rom bis ganz nach Süditalien hinein und wird noch heute benutzt.

DIE PUNISCHEN KRIEGE

Nachdem die Römer nun ganz Mittel– und Süditalien unter ihre Herrschaft gebracht hatten, stießen sie auf einen neuen Gegner, doch diesmal zur See. Die nordafrikanische Stadt Karthago war die führende Handelsmacht des westlichen Mittelmeeres. Ihre Flotte beherrschte nicht nur aus wirtschaftlicher Sicht die gesamte Region zwischen Gibraltar, den Balearen, Sardinien, Korsika und Sizilien, sondern auch aus militärischer. Rom hingegen besaß zu diesem Zeitpunkt noch keine Flotte, war eine reine Landmacht.

Karthago war bereits um 800 v. Chr. ungefähr auf der Höhe des heutigen Tunis von phönizischen Seeleuten gegründet worden, einem Volk, das ursprünglich aus Syrien stammte und im gesamten westlichen Mittelmeerraum Handelsstützpunkte errichtet hatte. Seine wirtschaftlichen Beziehungen reichten über Spanien im Westen, hoch bis nach Britannien im Norden, Asien im Osten und Zentralafrika im Süden. Die Römer nannten die Karthager aufgrund ihrer phönizischen Herkunft *Punier*.

Das Verhältnis zwischen Rom und Karthago war recht gut. Es gab sogar drei Verträge zwischen den beiden Städten (um 510 v. Chr., 348 v.Chr. und 306 v. Chr.), in denen Rom das karthagische Handelsmonopol anerkannte und dafür den Schutz der latinischen Städte vor phönizischem Zugriff erhielt. Doch als die Ausbreitung der römischen Herrschaft Süditalien eingeschlossen hatte und vor Sizilien stehenblieb, kam es zum Konflikt.

Ausgangspunkt war 264 v. Chr. die Bitte der sizilischen Stadt Messana (das heutige Messina) um militärische Hilfe gegen Syrakus am südlichen Ende der Insel. Messana hatte allerdings sowohl Rom als auch Karthago um Beistand ersucht. Als Karthago die Stadt von einer Schutztruppe besetzen ließ und damit zugleich den eigenen Einfluß auf Ostsizilien untermauerte, nahmen die Römer das zum Anlaß, einzugreifen. Nach der Landung des römischen Heeres wechselte Karthago die Seiten und ging ein Bündnis mit Syrakus ein, doch bei Messana erlitten sie eine Niederlage. Daraufhin scherte nun Syrakus seinerseits aus dem karthagischen Bündnis aus und schloß eine Allianz mit Rom.

Zwar gelang es den Römern, die meisten sizilischen Städte und Dörfer zu erobern, doch zogen sich die Karthager auf ihre Schiffe zurück, griffen die italischen Küstenstädte an und schnitten dem römischen Heer den Nachschub ab. Nun waren die Römer gezwungen, eigene Schiffe zu bauen, um sich gegen die punische Seemacht zu wehren. Nach dem Vorbild eines gestrandeten feindlichen Fünfruderers stellten sie mit griechischer Hilfe eine eigene Flotte her und erlernten von den Griechen die Verwendung von Enterbrücken. Geschickt kombinierten sie die Kampftaktiken der Seeschlacht mit ihrer Erfahrung beim Landkampf, die sie bei der Enterung an Bord des gegnerischen Schiffes einsetzten.

Nach über zwanzig Jahren mit wechselnden Erfolgen gelang den Römern schließlich 241 v. Chr. der entscheidende Seesieg, der zur Kapitulation Karthagos führte und den ersten Punischen Krieg beendete. Im Friedensschluß verpflichtete sich Karthago zur Zahlung einer enormen Kriegsentschädigung und verzichtete auf seinen westlichen Teil Siziliens, der unter unmittelbare römische Oberhoheit gestellt wurde. Der Senat setzte einen jährlich wechselnden Statthalter ein, der

Römisches Kriegsschiff aus dem 1. Jh. v. Chr.

die Regierung über die Insel (bis auf den östlichen, weiterhin griechisch verbleibenden Teil) ausübte. Seine Einwohner waren Untertanen, keine Bundesgenossen. Sizilien wurde die erste römische Provinz. Sein Getreidereichtum machte es für die nächsten 300 Jahre zur Kornkammer Roms, denn schon bald reichten die Ernten der italischen Landschaften für die stark anwachsende Bevölkerung nicht mehr aus.

Aber schon 238 v. Chr. erklärte Rom Karthago erneut den Krieg. Der Anlaß war wieder ein Hilfegesuch, diesmal von sardinischen Söldnern. Es gelang Rom, den Karthagern neben einer weiteren Zahlung auch Sardinien und Korsika abzuringen. Die Inseln wurden Roms zweite Provinz.

In den folgenden Jahren konnte Rom wichtige militärische Erfolge gegen die Kelten in Norditalien verzeichnen und über das heutige Südfrankreich bis auf die Iberische Halbinsel vordringen. Aber auch Karthago blieb nicht untätig. Als Ersatz für die verlorenen Inseln griffen sie Spanien von Süden her an und eroberten große Gebiete. Ihr Ziel waren die Erz– und Silbervorkommen, die den Verlust Sardiniens und Siziliens wettmachen sollten. Die Römer erkannten die wachsende Bedrohung an der neuen gemeinsamen Grenze. Eine Gesandtschaft wurde ausgeschickt, um mit dem punischen Feldherrn Hamilkar zu verhandeln. 226 v. Chr. einigten sich beide Parteien vertraglich auf den Fluß Ebro als Grenze. Südlich davon sollte punisches Gebiet sein, nördlich römisches. Als Hamilkars Sohn Hannibal allerdings fünf Jahre später die Führung der karthagischen Streitkräfte in Spanien übernahm, war der Vertrag nur noch Geschichte. Hannibal eroberte die Stadt Sagunt nördlich des Ebro und machte sie dem Erdboden gleich. Rom verlangte die Auslieferung Hannibals und die Freigabe Sagunts, doch Karthago lehnte ab. Daraufhin erklärte Rom 218

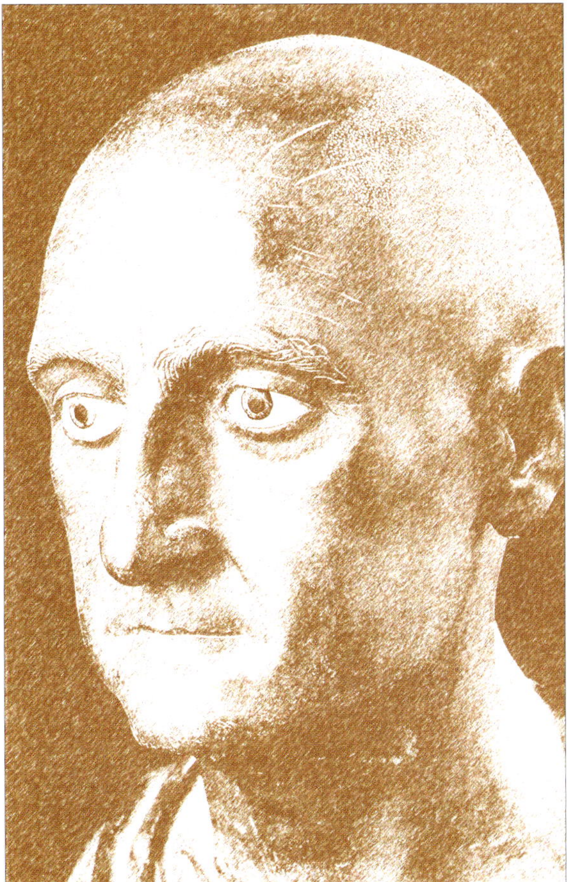

Publius Cornelius Scipio Africanus, der Sieger über Hannibal in der Schlacht von Zama 202 v. Chr.

v. Chr. den Puniern erneut den Krieg.

Roms Pläne, eine Armee die Stadt Karthago in Afrika angreifen zu lassen und eine zweite über Südfrankreich zu schicken, um direkt gegen Hannibal vorzugehen, scheiterten an der klugen Strategie des punischen Feldherrn. Niemand hatte damit gerechnet, daß Hannibal trotz zahlenmäßiger Unterlegenheit in einem Gewaltmarsch mit seinem Heer und einer stolzen Herde Kriegselefanten die verschneiten Alpenpässe überqueren und nach Italien einfallen würde. Dort erhielt er zudem Unterstützung von den norditalischen Keltenstämmen, die hofften, sich auf diese Weise wieder von Rom befreien zu können. Sie ließen Hannibal nicht nur ungehindert durch ihre Gebiete ziehen, sondern stellten ihm auch Truppen für sein Heer zur Verfügung. Er konnte einige wichtige Siege erringen, so z.B. 216 v. Chr. bei Cannae.

Die Römer ließen sich allerdings nicht komplett einschüchtern. In Italien beschränkten sie sich auf eine defensive Kriegsführung, die Hannibal auf Dauer ermüden sollte. Auf der Iberischen Halbinsel gelang ihnen die Rückeroberung Sagunts (217 v. Chr.) und ein vernichtender Sieg über das punische Entsatzheer, das mit Nachschub und frischen Truppen zu Hannibal unterwegs war (216 v. Chr.). In Sizilien hatte das griechische Syrakus ein Bündnis mit Karthago geschlossen, doch konnten die Römer sich auch hier durchsetzen. 212 v. Chr. eroberten sie Syrakus und gewannen nach und nach auch den Rest der Insel; 210 v. Chr. räumte Karthago Sizilien.

Im selben Jahr entsandte Rom ein Heer unter der Führung des Publius Cornelius Scipio nach Spanien, der dort große Teile des Landes eroberte und die römische Herrschaft bis in den Südzipfel der Iberischen Halbinsel ausdehnen konnte. Die Karthager wurden zum Abzug gezwungen, Rom gewann eine neue Provinz hinzu. 205 v. Chr. kehrte Scipio nach Rom zurück und wurde zum Konsul gewählt. Noch während seiner Amtszeit setzte er von Sizilien aus nach Afrika über und griff Karthago selbst an. Nun mußte auch Hannibal Italien aufgeben und seine Streitkräfte nach Hause bringen. 202 v. Chr. standen sich die beiden Feldherren bei Zama zur Entscheidungsschlacht gegenüber. Hannibals Heer erlitt eine vernichtende Niederlage, und Karthago kapitulierte ein Jahr später zum zweiten Mal. Im Friedensschluß verzichteten die Punier offiziell auf Spanien, übergaben ihre gesamte Flotte bis auf 10 Schiffe an Rom, verpflichteten sich zu erneuten Zahlungen und zu einem Verzicht auf jegliche Kriegsführung außerhalb Afrikas – und innerhalb auch nur mit römischer Genehmigung. Scipio kehrte im Triumph nach Rom zurück und erhielt den Ehrennamen Africanus.

Spanien wurde in zwei Provinzen untergliedert – Hispania Citerior und Ulterior (das diesseitige und das jenseitige Spanien). Dann beugten die Römer die abtrünnigen gallischen Bundesgenossen in Norditalien erneut unter ihre Herrschaft und eroberten das Gebiet bis zum Südrand der Alpen. Es wurde als Provinz Gallia Cisalpina (Gallien diesseits der Alpen) in den Staat eingefügt.

AUFBRUCH NACH OSTEN

Nun galt es, die östliche Hälfte des Mittelmeeres unter römische Kontrolle zu bringen. Dort hatte Alexander der Große im 4. Jahrhundert ein riesiges Reich erobert, und als er 323 v. Chr. kinderlos starb, stritten die Mächtigen um sein Erbe. Es wurde sich darauf geeinigt, die Gebiete auf drei Nachfolger, Diadochen genannt, aufzuteilen: Die Familie der Antigoniden erhielt Makedonien, zu dessen Machtbereich auch Griechenland gehörte. Den Ptolemäern wurde Ägypten zugewiesen, den Seleukiden Syrien und Kleinasien. Einige kleinere Gebiete erlangten Selbständigkeit, so z. B. Pergamon im Nordwe-

Alexander der Große

sten der heutigen Türkei und der Inselstaat Rhodos. Die drei großen Reiche waren mit Absicht so aufgeteilt worden, daß sich ihre militärischen und auch die wirtschaftlichen Kräfte im Gleichgewicht befanden und keiner über die anderen herrschen konnte.

Trotzdem gab es kaum Frieden zwischen ihnen, und auch von außen drangen immer wieder Gefahren auf sie ein. Der Zusammenhalt des Seleukidenreiches war aufgrund seiner großen Fläche sehr lose, und der König mußte stets auf Statthalter, die sogenannten Satrapen, zurückgreifen. Die Ptolemäer in Ägypten orientierten sich in ihrer Herrschaftsausübung an den Pharaonen, suchten schon früh ein Bündnis mit Rom und erkannten dessen Vorherrschaft als erste an. Makedonien wurde von Norden her von den Galatern, einem keltischen Stamm, angegriffen und mußte unablässig Aufstände der griechischen Städte bekämpfen.

Rom richtete daher sein Augenmerk zunächst auf Makedonien. Von den Griechen unterstützt, die die Herrschaft der Antigoniden abschütteln wollten und Rom um Hilfe gebeten hatten, gelang ihnen 197 v. Chr. der Sieg. Der römische Feldherr Flaminius erklärte öffentlich die Freiheit aller griechischen Städte, doch bald schon sollte sich zeigen, was es mit dieser Freiheit unter römischer Vorherrschaft auf sich hatte.

Die Griechen erhoben sich erneut, nun allerdings mit den Makedonen verbündet und gegen Rom. 168 v. Chr. kam es bei Pydna zur entscheidenden Schlacht: Die Römer siegten. Sie nahmen einen Großteil der Führungsschicht als Geiseln, verkauften unzählige Kriegsgefangene in die Sklaverei und teilten das Land in vier Herrschaftsbezirke auf. Nach einem weiteren kleinen Aufstand 148 v. Chr. wurde Makedonien schließlich römische Provinz. Auch Korinth, die reichste der griechischen Handelsstädte, die zusammen mit einigen ande-

GERMANI
GALLIA
CISALPINA
RHONE
GALLIA
NARBONENSIS
MASSILIA
HISPANIA
EBRO
CITERIOR
IT
CORSICA
SAGUNT
ULTERIOR
SARDINIA
KARTHAGO
ZAMA
NUMIDIA
AFRICA

Die Herrschaft Roms über das westliche und östliche Mittelmeer (ca. 120 v. Chr.)

ren Griechenstädten einen Bund gegründet und sich gegen die römische Herrschaft aufgelehnt hatte, wurde besiegt und zerstört (146 v. Chr.). Griechenland wurde in die Provinz Makedonien eingegliedert.

Gegen den Seleukidenkönig Antiochos III. ging Rom anschließend vor, weil Antiochos versucht hatte, die Ptolemäer aus Ägypten zu verdrängen. Da diese sich aber bereits der römischen Herrschaft unterworfen hatten, nahm Rom dies als willkommenen Anlaß, einzugreifen. Bei den Thermopylen erlitt Antiochos 191 v. Chr. seine erste Niederlage, in der Schlacht von Magnesia nur ein Jahr später die zweite. 189 v. Chr. gelang es den Römern, die strategisch wichtige Stadt Ambracia einzunehmen und den Seleukidenkönig zur Aufgabe zu zwingen. Im Friedensschluß von Apamea (188 v. Chr.) mußte Antiochos eine hohe Kriegsentschädigung an Rom zahlen und bis auf 10 Schiffe seine gesamte Flotte abgeben, doch wurden seine kleinasiatischen Gebiete zunächst dem romfreundlichen Pergamon zugewiesen.

Aber bereits 133 v. Chr. fiel den Römern durch ein glückliches Geschick auch Kleinasien in die Hände: Pergamons letzter König Attalos vererbte sein Reich freiwillig an Rom, und so wurde es die neue Provinz Asia.

Rom beherrschte nun das gesamte östliche Mittelmeer.

Währenddessen blieb die Stadt der sieben Hügel auch im westlichen Mittelmeer nicht untätig. Karthago hatte sich nach dem zweiten Punischen Krieg wieder erholt und war zu einer reichen Stadt geworden. Das war den Römern ein Dorn im Auge, allen voran dem Senator Cato, der auf einer Reise den Luxus der Stadt gesehen hatte und seitdem stets im Senat am Ende seiner Reden forderte: „Und im übrigen bin ich dafür, daß Karthago zerstört werden muß.“

Rom beschwor eine Konfliktsituation herbei, indem es Karthagos Nachbarn Numidien anstachelte, sein Reich auf Kosten der Punier zu vergrößern. Karthago wehrte sich, ohne Rom um Erlaubnis gefragt zu haben, und das verstieß gegen die Bestimmungen des geltenden Friedensvertrages. Rom erklärte erneut den Krieg. Nach dreijährigem Kampf konnte das römische Heer unter Publius Cornelius Scipio Aemilianus die Stadt erobern. Karthago wurde im selben Jahr wie Korinth – 146 v.Chr. – zerstört, seine Bevölkerung versklavt und das gesamte Gebiet als neue Provinz Africa in das römische Reich eingefügt.

Als die Stadt Massilia (das heutige Marseille) im Jahre 121 v. Chr. Rom um Hilfe gegen anrückende gallische Stämme bat, nutzte Rom die Gelegenheit, auch den letzten Küstenstreifen Südeuropas in seine Gewalt zu bringen. Die Gallier wurden besiegt, Rom gründete die Kolonie Narbo (heute Narbonne) und kassierte das Gebiet ringsum ein. Die Landverbindung zwischen den Provinzen Hispania Citerior und Gallia Cisalpina war hergestellt und wurde als neue Provinz Gallia Narbonensis in das Reich eingegliedert.

Rom war nun auch die Herrin des gesamten westlichen Mittelmeeres.

GESELLSCHAFTLICHE VERÄNDERUNGEN – MIẞSTÄNDE ALS FOLGEN DER KRIEGE

Die punischen Kriege brachten einige Veränderungen mit sich. Rom hatte gelernt, daß langjährige militärische Einsätze nicht unbedingt mit einer einjährigen Amtszeit der zuständigen Magistrate vereinbar war. Verlängerungen wurden beschlossen. Außerdem mußte die Verwaltung der neuen Provinzen geordnet werden. Der Grund und Boden blieb gegen Zahlung einer Steuer Eigentum der Einheimischen. Prätoren wurden zu Statthaltern bestimmt und erhielten weitgehend uneingeschränkte Verfügungsgewalt über die Provinzen, die sie im Interesse des Staates verwalten sollten.

Wirtschaftliche Ausbeutung war die Folge: Die Prätoren gingen dazu über, die Steuereinnahmen und Zölle an sogenannte Steuerpächter (*Publicani*) zu verpachten, römische Geschäftsleute, die meist dem Ritterstand entstammten. Diese mußten die festgelegte Jahressumme im voraus entrichten, konnten dafür aber im Laufe des Jahres Abgaben in beliebiger Höhe aus der Provinz herauspressen und den Gewinn behalten. Auch die Prätoren forderten zusätzliche Zölle und Steuern ein, denn selten gelangten Beschwerden aus den Provinzen vor römische Gerichte – und wenn, dann wurden sie in aller Regel abgeschmettert. Das Amt des Prätors war also sehr lukrativ und entsprechend begehrt.

Roms Oberschicht blühte auf, baute große Villen auf dem Land, füllte sie mit gestohlenen griechischen Kunstschätzen, feierte Gelage und ließ sich von Sklaven bedienen, denn durch die vielen Kriegszüge kamen Gefangene in Scharen nach Rom und wurden auf den Sklavenmärkten als billige Arbeitskräfte verkauft.

Doch was für den Adel günstig war, wirkte sich auf die Bauern verheerend aus. Nicht nur, daß sie während der Kriege Heeresdienst leisten mußten – bei ihrer Rückkehr fanden sie ihre Felder verwüstet und die Häuser niedergebrannt vor –, für den Wiederaufbau mußten sie Kredite nehmen, die sie meist nicht zurückzahlen konnten, denn ihre Ernte konnte mit dem billigen Getreide aus den neuen Provinzen nicht mehr konkurrieren. Die meisten Bauern waren gezwungen, ihr Land zu Spottpreisen an die reichen Großgrundbesitzer zu

Ein Bauer auf dem Weg zum Markt; sein Los in der späten Republik war hart, denn viele Bauern waren als Folge der zahlreichen Kriege gezwungen, ihr Land an Großgrundbesitzer zu verkaufen und sich als Tagelöhner zu verdingen.

verkaufen. Nur wenige fanden Arbeit als Tagelöhner, denn auf den Latifundien, den immer größer werdenden Anwesen der Reichen, arbeiteten billigere Sklaven aus der Kriegsbeute der Feldzüge. Der Großteil der Bauern zog daher in die Stadt, doch auch hier arbeiteten die Gewerbebetriebe lieber mit

Sklaven. Der Anteil der arbeitslosen Bevölkerung, auch Proletariat genannt, wuchs ständig und mit ihm die Unzufriedenheit.

Allerdings waren es weniger die patrizischen Senatoren, die von der neuen Situation profitierten. Sie durften sich zwar an der Kriegsbeute bereichern, jedoch keinen Handel treiben. Die Plebejer hingegen konnten ihr Vermögen durchaus mit Handels– und Geldgeschäften vermehren. Die reichste Gruppe unter ihnen waren die Ritter. Ursprünglich dadurch gekennzeichnet, daß sie vermögend genug waren, im Heer zu Pferde zu dienen, gelangten sie im Laufe des 2. Jahrhunderts v. Chr. durch Steuerpacht in den Provinzen und durch umfangreiche Kreditgeschäfte zu enormem Reichtum.

REFORMVERSUCHE DER GRACCHEN

Der Enkel des großen Scipio Africanus, Tiberius Sempronius Gracchus, war einer der ersten, der die Mißstände erkannte und zu beheben versuchte. 133 v. Chr. wurde er zum Volkstribunen gewählt. Seine leidenschaftliche Art, die Menge mitzureißen, wenn er öffentlich auf dem Forum seine Reden hielt, brachte ihm viele Anhänger. Er beantragte, das alte Ackergesetz zu erneuern, das den Landbesitz jedes Römers auf umgerechnet ca. 115 ha beschränkte. Bei der Eroberung Italiens hatten die Römer viele der unterworfenen Familien enteignet und ihre Güter als Staatsland (*ager publicus*) eingezogen. Jeder römische Bürger konnte gegen eine Gebühr Teile dieses Landes bewirtschaften, sofern er es sich leisten konnte. Natürlich waren hierbei wieder die Reichen im Vorteil, und im Laufe der Zeit hatten sie sich das meiste davon einfach angeeignet. Tiberius Gracchus' erneuertes Gesetz forderte von

Ein römischer Politiker in Rednerhaltung; so könnten die Gracchen ihre Reden vor dem Volk öffentlich auf dem Forum gehalten haben.

jedem, der mehr als 115 ha besaß (bzw. bei zwei Söhnen das Doppelte), den Überschuß wieder an den Staat abzutreten. Dieses Land sollte auf die besitzlos gewordenen Bauern bzw. das Proletariat der Stadt aufgeteilt werden, und zwar je 7 ha pro Person.

Natürlich protestierte der Senat. Einer von Tiberius Gracchus' Volkstribun-Kollegen wurde bestochen und legte sein Veto gegen die Verabschiedung des neuen Gesetzes ein. Tiberius forderte daraufhin die Volksversammlung auf, den Mittribunen für abgesetzt zu erklären – etwas, das es bisher niemals gegeben hatte und das der Verfassung widersprach. Die Volksversammlung jedoch folgte Tiberius, setzte den Tribunen ab und verabschiedete das neue Gesetz. Der Senat wagte nicht einzugreifen, weil er die Macht der Masse fürchtete, und so konnte eine Kommission gebildet werden, die das

Land verteilte. Den neuen Landbesitzern wurde als Starthilfe Geld aus dem geerbten Königsschatz von Pergamon zugeteilt.

Um die Ausführung seines Ackergesetzes zu sichern, stellte Tiberius sich zur Wiederwahl – eine erneute Verletzung der Verfassung, denn niemand durfte dasselbe Amt in zwei aufeinanderfolgenden Amtsperioden ausüben. Da die Wahl der Volkstribune jedoch im Sommer stattfand und die meisten seiner Anhänger Bauern waren, die sich zu dieser Zeit außerhalb von Rom aufhielten, weil sie ihre Ernten einbringen mußten, drohte sein Anliegen zu scheitern. Um dennoch genug Wähler zusammenzubekommen, legte Tiberius weitere Gesetzesentwürfe vor, wie etwa die Verkürzung der Militärzeit, was den ärmeren Stadtrömern sehr entgegenkam.

Der Wahltag endete jedoch in gewalttätigen Auseinandersetzungen. Die Volksversammlung hatte sich wie immer vorschriftgemäß ohne Waffen eingefunden, als plötzlich Senatoren mit Keulen, Knüppeln etc. auftauchten und die Menge angriffen. Ein Tumult entstand, bei dem Tiberius und über 300 seiner Anhänger erschlagen wurden. Ihre Leichen landeten nachts im Tiber, als wären sie gemeine Verbrecher.

Zehn Jahre später nahm sein jüngerer Bruder, Gaius Sempronius Gracchus, die Reformversuche wieder auf und ließ sich ebenfalls zum Volkstribunen wählen. Seine Reden überzeugten die Menge, vor allem, weil er unablässig an die Ungerechtigkeiten des Senats und der Reichen gegenüber der Plebs erinnerte. Er brachte eine Reihe von Gesetzen durch die Volksversammlung, die z. B. die Abgabe von verbilligtem Getreide für Arme verordneten oder den Kriegsdienst auf ein Mindestalter von 17 Jahren und eine Höchstdauer von 6 Jahren festlegten.

Als er aber beantragte, den italischen Bundesgenossen aufgrund ihrer Leistungen in den Punischen Kriegen das römische Bürgerrecht zu verleihen, schreckten viele seiner Anhänger zurück. Der Senat nutzte die Gunst der Stunde und wiegelte das Volk gegen Gaius Gracchus auf. Seine Wiederwahl wurde verhindert, doch damit nicht genug: Als Gaius in einem letzten verzweifelten Versuch den Hügel Aventin besetzte, rief der Senat den Staatsnotstand aus und ließ ihn durch die Konsuln wie einen Verschwörer und Hochverräter verfolgen. Es kam wiederum zu Gewalt und Tumult. In die Enge getrieben, ließ sich Gaius Gracchus von einem Sklaven töten, über 3000 seiner Anhänger wurden vor Gericht gestellt und zum Tode verurteilt (121 v. Chr.).

Das Volk erkannte zu spät, was es an den Gracchen verloren hatte.

DER KRIEG GEGEN JUGURTHA – MARIUS, EIN NEUER MANN

111 v. Chr. begannen für Rom neue kriegerische Auseinandersetzungen in Afrika. Jugurtha, einer der beiden Herrscher des von Rom geteilten Numiderreiches und damit direkter Nachbar der römischen Provinz Africa, hatte sich gegen Roms Willen zum Alleinherrscher aufgeschwungen und seinen Mitkönig verdrängt. Die Römer griffen ein und errangen einige militärische Erfolge, woraufhin Jugurtha um Frieden bat. Er bestach allerdings die römischen Feldherren, um mit ihnen einen für ihn günstigen Vertrag zu schließen.

Die Volksversammlung erkannte den so zustande gekommenen Friedensschluß aber nicht an und rief Jugurtha nach Rom, damit er sich persönlich verantworten sollte. Der Numider kam; für seine Richter hatte er hübsche Geschenke im Gepäck, mit denen er sich einen Freispruch sichern würde, doch kurz zuvor ereignete sich ein Zwischenfall, den auch der käuflichste aller Richter nicht mehr vertuschen konnte: Jugurtha ermordete seinen numidischen Gegner, der sich ebenfalls in Rom aufhielt. Rom erklärte ihm erneut den Krieg und wies ihn aus.

109 v. Chr. gelang es ihm jedoch erneut, römische Offiziere durch Bestechung für sich zu gewinnen und infolgedessen eine große Heeresabteilung gefangenzunehmen. Das Volk in Rom war empört über die Käuflichkeit seiner Oberschicht und wählte 107 v. Chr. den nichtadeligen Gaius Marius, einen *homo novus* (neuen Mann) zum Konsul. Marius kam aus einer Ritterfamilie und hatte sich als Feldherr schon viele Lorbeeren verdient. Das Volk sah ihn als einen aus seiner Mitte an. Als Konsul erhielt er den Oberbefehl über die Truppen und zog an ihrer Spitze gegen Jugurtha. 106 v. Chr. gelang ihm ein glänzender Sieg, Jugurtha floh zu seinem Schwiegervater, König Bocchus von Mauretanien.

Gaius Marius

Einer von Marius' Unteroffizieren, Lucius Cornelius Sulla, setzte alles daran, Bocchus zur Auslieferung Jugurthas zu bewegen, was ihm schließlich auch gelang.

Marius zog im Triumph nach Rom und führte den Numiderkönig mit sich in seinem Gefolge. Das Volk umjubelte ihn, und ein Teil Numidiens wurde zu einer neuen römischen Provinz.

KIMBERN UND TEUTONEN – DIE HEERESREFORM DES MARIUS

Noch bevor Rom im Süden seinen Krieg führte, hatte sich im Norden eine neue Gefahr auf den Weg Richtung Italien gemacht: die germanischen Stämme der Kimbern, Teutonen und Ambronen. Sie waren aus Landmangel südwärts gezogen und führten nicht nur all ihre Habe auf Wagen mit sich, sondern kamen als gesamtes Volk mit Frauen, Kindern und Alten. 113 v. Chr. stießen sie in Norditalien auf römische Siedlungen. Natürlich wollte niemand ihnen Land geben, und so kam es zu Auseinandersetzungen. Die Römer schickten ihnen ein Heer entgegen, das jedoch vernichtend geschlagen wurde. Dann zogen die Germanen weiter westwärts nach Gallien, und auch hier konnten sie die Römer besiegen. Zwei römische Heere, deren Feldherren sich nicht über den Oberbefehl einigen konnten, wurden komplett vernichtet (105 v. Chr.). Das Volk von Rom zitterte vor Angst vor einem neuerlichen Barbarensturm, wählte Marius zum zweiten Mal zum Konsul und von da an jedes Jahr erneut bis 101 v. Chr. Es vertraute ihm mehr als jedem anderen Bewerber, und obwohl eine Wiederwahl gegen die Verfassung war, unternahm der Senat nichts angesichts der drohenden Gefahr durch die Germanen.

Zwar zogen diese zunächst nicht nach Italien, sondern nach Spanien, doch 102 v. Chr. machten sie kehrt und wendeten sich wieder nach Südgallien. Hier teilten sie ihre Truppen in zwei Heere.

Marius hatte in der Zwischenzeit drei Jahre lang seine Armeen auf eine Auseinandersetzung vorbereiten können und nicht nur das: Er führte eine grundlegende Heeresreform

Ein typischer keltischer Krieger: Er kämpft nackt, trägt einen Torques um den Hals und scheint mit einem Speer zum Wurf auszuholen.

durch. Bislang hatten nur Bauern Heeresdienst geleistet, die sich Waffen und Rüstung selbst leisten konnten. Das reichte nun nicht mehr aus, denn durch den Rückgang des Bauerntums waren die Legionen stark ausgedünnt. Marius warb Freiwillige an – Proletarier aus der Stadt, mittellose Bürger und Sklaven, deren Ausrüstung vom Staat finanziert und denen Sold gezahlt wurde. Im Gegenzug mußten sie sich zu einer Dienstzeit von 16 Jahren verpflichten, die später noch auf 20 Jahre heraufgesetzt wurde. Nach Ablauf dieser Zeit erhielten sie als Veteranen ein Landgut vom Staat zur Sicherung ihres Lebensunterhaltes, das sie nicht verkaufen durften.

Marius gab seinen neuen Legionen als Feldzeichen einen Adler, der künftig das Symbol der römischen Kampftruppen werden sollte. Mit seiner Heeresreform legte er den Grundstein der römischen Berufsarmee, deren Legionen von nun an größtenteils aus bezahlten Söldnern bestanden.

Mit einem riesigen Heeresaufgebot, wie es die Römer bisher noch niemals losgeschickt hatten, zog Marius 102 v. Chr. den Germanen entgegen. Bei Aquae Sextiae (dem heutigen Aix-en-Provence) schlug er die erste Hälfte des gegnerischen Heeres aus Teutonen und Ambronen vernichtend, ein Jahr später bei Vercellae (in der Nähe Turins) den zweiten Teil aus Kimbern.

Eine neue Welle Kriegsgefangener strömte als Sklaven nach Rom.

DER BUNDESGENOSSENKRIEG

Eine kurze Ruheperiode sollte den Römern nun vergönnt sein, doch die friedlichen Zeiten waren leider nicht von Dauer. Schon 91 v. Chr. gab es Ärger mit den italischen Bundesgenossen. Bei sämtlichen Kriegszügen hatten sie für Rom gekämpft, aber nicht nur keinen Anteil an der Beute erhalten, die geschlossen in die Hauptstadt floß, sondern vor allem noch immer kein römisches Bürgerrecht. Die Forderung nach Gleichberechtigung hatten schon die Gracchen erhoben, und nun waren die Bundesgenossen bereit, für ihre Rechte zu kämpfen. Die Römer unterschätzten zunächst ihre Kampfkraft und schienen vergessen zu haben, daß sie in sämtlichen Schlachten gegen äußere Feinde den Großteil der Truppen gestellt hatten. Die Bundesgenossen waren ein ebenbürtiger Gegner, und als sie zu gewinnen drohten, erkannten die Römer, daß sie nachgeben mußten. Nach und nach verlieh der Senat allen italischen Bundesgenossen das volle römische Bürgerrecht (89 v.Chr.).

Rom war nun nicht mehr länger Stadtstaat.

MARIUS UND SULLA

Lucius Cornelius Sulla, der Unterfeldherr aus Marius' Heer, der im Krieg gegen Jugurtha eine wichtige Rolle gespielt hatte, bewies im Bundesgenossenkrieg sein militärisches Talent. Anders als Marius entstammte er einer sehr alten Patrizierfamilie und stellte sich schon bald auf die Gegenseite des beim Volk beliebten Mehrfach-Konsuls. 88 v. Chr. wurde Sulla seinerseits zum Konsul gewählt, und im selben Jahr erreichte Rom die Nachricht eines neuerlichen Aufstandes: König Mithridates von Pontus (Kleinasien) rief seine Nachbarn, die römische Provinz Asia, zur Rebellion gegen ihre Herren auf. Aufgrund der Willkür der Beamten, die die Provinz ausgepreßt hatten, und wegen ihrer Intoleranz gegenüber einheimischen Gebräuchen, Kultur und Religion war der

Haß der Bevölkerung auf Rom über die Jahre hinweg gefährlich gewachsen. Es kam zum Aufstand, bei dem über 80.000 Römer erschlagen wurden. Der Senat übertrug das Kommando gegen Mithridates Sulla, der sich umgehend an die Küste Kampaniens begab, um in den Osten zu segeln.

In der Zwischenzeit setzten sich in Rom jedoch die Anhänger des Marius durch und veranlaßten die Volksversammlung zu einem Beschluß, der Sulla den Oberbefehl nahm und an Marius übertrug. Sulla erreichte die Nachricht noch rechtzeitig vor seinem Aufbruch. Er machte kehrt, marschierte wutentbrannt mit seinen Truppen gegen Rom und besetzte die Stadt.

Lucius Cornelius Sulla

Niemals zuvor hatte ein Feldherr sein militärisches Kommando gegen die Hauptstadt gerichtet!

Ein heftiger Bürgerkrieg entbrannte zwischen den Anhängern des Marius und seiner Volkspartei, den Popularen, auf der einen und der Senatspartei, den adligen Optimaten hinter Sulla, auf der anderen. Diese beiden Gruppen hatten sich im Laufe der letzten Jahrzehnte herausgebildet und resultierten aus den gesellschaftlichen und finanziellen Unterschieden zwischen Patriziern und Plebejern. Marius unterlag und mußte nach Afrika fliehen.

Als Sulla sich seines Sieges sicher sein konnte, brach er erneut nach Asien auf, um sich Mithridates und die aufständische Provinz vorzunehmen (87 v. Chr.). Sobald er aber Italiens Küste verlassen hatte, kehrte Marius zurück und rief die ihm treu ergebenen Veteranen aus seinen Kriegszügen wieder zu den Waffen. Mit ihrer Hilfe besetzte er nun seinerseits Rom und rächte sich blutig an den Anhängern Sullas. 86 v. Chr. wurde er zum siebten Mal zum Konsul gewählt, starb jedoch kurz darauf. Sein popularischer Amtskollege Cinna führte den Kampf gegen die Optimaten ebenso grausam fort.

Sulla ließ die Popularen in Rom zunächst gewähren und konzentrierte sich auf seine Aufgaben in Kleinasien. Innerhalb von fünf Jahren gelang es ihm, Griechenland und Asien zurückzuerobern und Mithridates vernichtend zu schlagen.

82 v.Chr. kehrte er an der Spitze seiner Truppen nach Rom zurück und besetzte die Stadt zum zweiten Mal. Seine Rache war noch weitaus blutiger als die des Marius. Er setzte sämtliche Namen der Senatoren und Ritter, die er für Verräter hielt, auf eine öffentlich ausgehängte Liste und gab seinen Anhängern die Erlaubnis, jeden von ihnen zu töten und mit dessen Besitz nach Belieben zu verfahren. Rom ertrank tagelang in Blut, und niemand wagte sich gegen Sulla zu stellen. Über 90 Senatoren und 2600 Ritter wurden ermordet. Als Krönung des Szenarios ließ sich Sulla zum Diktator auf Lebenszeit ernen-

nen – etwas, das die Verfassung zwar nicht gestattete, wogegen aber niemand Einspruch zu erheben wagte.

Mit einer Reihe neuer Gesetze versuchte er, die Herrschaft des Senats zu festigen und die Grundlagen der Republik wiederherzustellen. So erhöhte er die Zahl der Senatsmitglieder der gewachsenen Bevölkerungszahl entsprechend auf 600, besetzte die Geschworenengerichte wieder mit Senatoren und entfernte die Ritter aus diesen Ämtern. Konsuln und Prätoren erhielten nach Ablauf ihrer Amtszeit automatisch die Leitung einer Provinz zugeteilt. Anträge durften nur noch in die Volksversammlung eingebracht werden, wenn der Senat sie vorher genehmigt hatte. Außerdem wurden die Volkstribunen von einer weiteren Ämterlaufbahn ausgeschlossen. Seinen Veteranen schenkte Sulla große Ländereien in Italien und sicherte sich so ihre Loyalität.

Doch nach knapp drei Jahren legte er sein Amt als Diktator plötzlich freiwillig nieder und starb nur kurze Zeit später.

DER SKLAVENAUFSTAND UNTER SPARTACUS

Aus ihren vielen Kriegszügen hatten die Römer Tausende von Sklaven mitgebracht. Jeder Haushalt bestand aus mehr Sklaven als Familienangehörigen, und in sämtlichen Wirtschaftszweigen wurde die Hauptarbeit von ihnen erledigt. Vor dem Gesetz galten sie als Sache, nicht als Lebewesen, und hatten keinerlei Rechte. Den meisten ging es sehr schlecht. Die Arbeitssklaven auf den Feldern der Großgrundbesitzer waren ständig angekettet und schliefen dicht gedrängt in Schuppen oder Kellern, Kranke wurden verkauft oder starben. Die Prügelstrafe war an der Tagesordnung, und jeder Sklave unterstand der absoluten Willkür seines Herrn, dem er bedingungs-

Oft waren es Sklaven, die gegen ihren Willen zur Belustigung des Publikums in der Arena mit wilden Tieren kämpfen mußten.

los gehorchen mußte. Nur wenige (vornehmlich die gebildeten Griechen) waren als Hauslehrer in reichen Familien tätig oder arbeiteten als Haussklaven für ihre Herrschaft und konnten dadurch auf eine eventuelle Freilassung hoffen.

73 v. Chr. brach in der süditalienischen Gladiatorenschule von Capua ein Sklavenaufstand unter der Führung des Thrakers Spartacus aus. Hier bildete Rom Sklaven in Waffenfertigkeiten aus, damit sie sich in der Arena zur Unterhaltung der Masse blutige Kämpfe liefern konnten. Spartacus zog mit ihnen durchs Land und sammelte überall neue Anhänger, und bald schon hatten sie ganz Unteritalien in ihrer Gewalt. Zwei römische Heere, die sie auf ihrem Weg nach Norden aufzuhalten versuchten, wurden niedergemetzelt.

Dann beauftragte der Senat Marcus Licinius Crassus, einen der reichsten Männer Roms, mit der Zerschlagung des Aufstandes. Crassus gelang es, die Sklaven nach Süditalien zurückzudrängen und dort in die Enge zu treiben. Beinahe ihre gesamte Armee wurde vernichtet, Spartacus fiel, und Crassus ließ 6.000 überlebende Gefangene an der Straße von Capua nach Rom öffentlich kreuzigen. Ein Rest von 5.000 Mann konnte entkommen und sich nach Norden durchschlagen. Dort trafen sie jedoch auf den Feldherrn Gnaeus Pompeius, der gerade mit seinen Truppen auf dem Rückweg von Spanien war, wo er einen kleineren Aufstand erfolgreich bekämpft hatte. Pompeius machte kurzen Prozeß mit dem Sklavenheer.

Im Jahre 70 v. Chr. wurden er und Crassus zum Dank zu Konsuln gewählt.

POMPEIUS, CAESAR UND DAS ERSTE TRIUMVIRAT

Gnaeus Pompeius sollte auch weiterhin im Mittelpunkt der römischen Geschichte bleiben. Im Jahre 67 v. Chr. erhielt er vom Senat den Oberbefehl zu einem recht ungewöhnlichen Kriegszug: Er sollte die Seeräuberei im Mittelmeer beenden. Kleinasiatische Piraten hatten nach und nach den gesamten Seehandel lahmgelegt und damit Rom unter anderem von seiner Kornzufuhr abgeschnitten. Als sie dann auch noch in Roms vorgelagertem Hafen Ostia eine kleinere Flotte kaperten und den Tiber hinauf bis vor die Tore der Stadt kamen, wurde Pompeius offiziell mit der Beseitigung des Problems betraut. Binnen kurzem gelang es ihm, sämtliche Zufluchtsorte der Piraten entlang der Küsten einzunehmen und die Seeräuberei ein für allemal zu beenden.

Nur wenig später übertrug der Senat ihm erneut einen Oberbefehl, diesmal zur Beendigung des wieder aufgeflamm-

Die Ausdehnung des Römischen Reiches unter Pompeius und Caesar (ca. 70–50 v. Chr.)

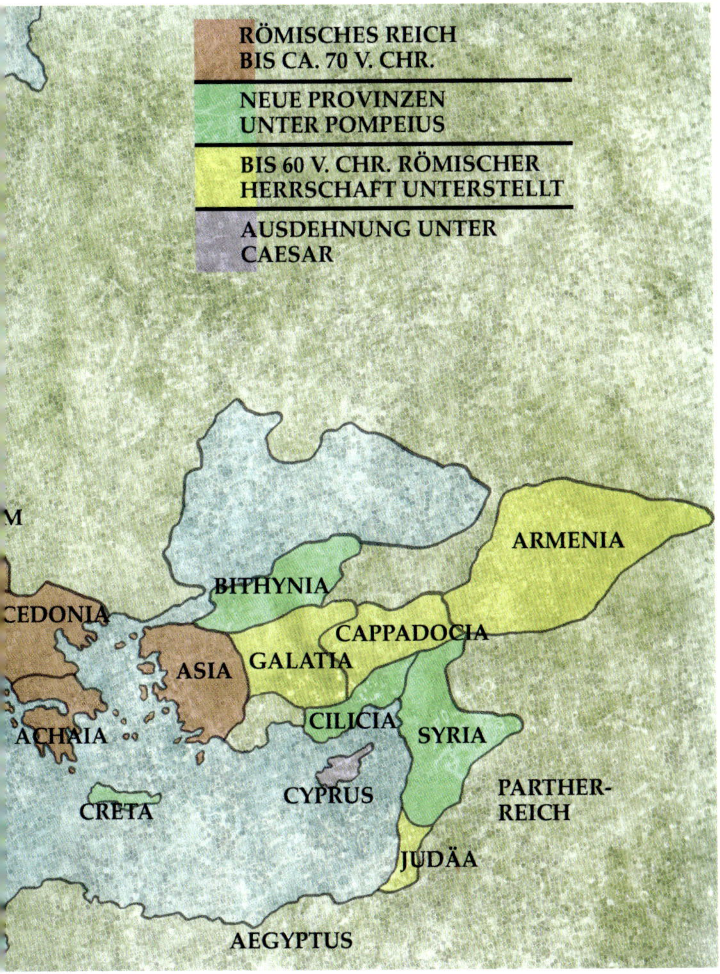
RÖMISCHES REICH
BIS CA. 70 V. CHR.
NEUE PROVINZEN
UNTER POMPEIUS
BIS 60 V. CHR. RÖMISCHER
HERRSCHAFT UNTERSTELLT
AUSDEHNUNG UNTER
CAESAR
ARMENIA
BITHYNIA
CEDONIA
CAPPADOCIA
ASIA
GALATIA
CILICIA
SYRIA
ACHAIA
CYPRUS
PARTHER-
REICH
CRETA
JUDÄA
AEGYPTUS

ten Krieges im Osten gegen König Mithridates von Pontus. Zwischen 65 und 63 v. Chr. eroberte Pompeius ganz Kleinasien, Palästina und Syrien und unterwarf Mithridates. Mit weitreichenden Vollmachten ausgestattet, löste er die einheimischen Königreiche auf und gliederte die Gebiete als drei neue Provinzen – Bithynia, Cilicia und Syria – ins Reich ein. Auch diejenigen Fürstentümer und kleineren Herrschaftsbezirke, die nicht zu den Provinzen gehörten, verloren ihre Selbständigkeit und wurden der römischen Herrschaft unterstellt. Zu ihnen zählten beispielsweise Cappadocia, Armenia, Galatia, Colchis und Judäa.

Nun beherrschte Rom nicht nur den gesamten Mittelmeerraum, sondern auch große Teile Asiens bis hinauf zum Kaukasus.

61 v.Chr. kehrte Pompeius im Triumph nach Rom zurück und nannte sich fortan nach seinem Vorbild Alexander, der seinerzeit Asien erobert hatte, *Magnus* – „der Große".

Nachdem er den Oberbefehl niedergelegt und seine Soldaten entlassen hatte (wie es jeder Feldherr tat, wenn er heimkehrte), beging der Senat einen folgenschweren Fehler, denn er verweigerte Pompeius die Anerkennung seiner Neuordnungen im Osten und die Bereitstellung von Ackerland für seine ausgedienten Soldaten. Daraufhin schloß Pompeius mit zwei der mächtigsten Männer Roms ein Bündnis zur gegenseitigen politischen Unterstützung: Marcus Licinius Crassus und Gaius Julius Caesar.

Ersterer hatte bereits bei den Sklavenaufständen eine wichtige Rolle gespielt und war aufgrund seiner immensen Reichtümer unangreifbar. Caesar war zwar zu diesem Zeitpunkt noch am Anfang seiner Karriere und hatte noch nicht viel mehr als seinen Stammbaum vorzuweisen. Dieser war allerdings makellos, konnte er doch seine Vorfahren mütterlicherseits auf die ersten Könige Roms und väterlicherseits sogar auf die Göttin Venus zurückführen. Zudem war seine Familie mit Marius verschwägert.

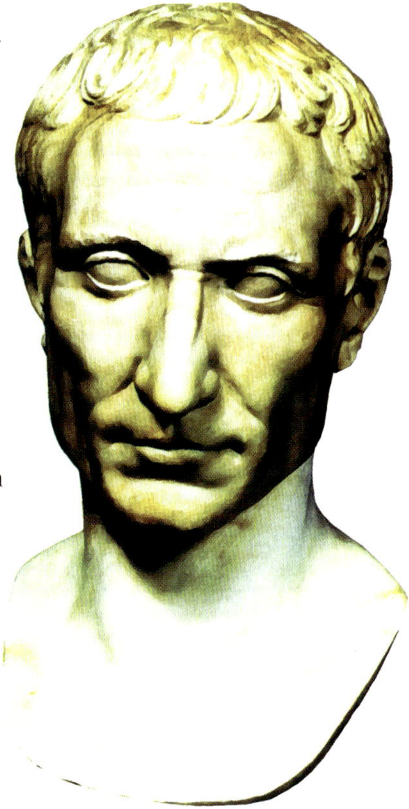

Gaius Julius Caesar

Dieses erste Triumvirat (*triumvir* = lat. drei Männer) läutete das Ende der Republik ein. Es war zwar ein rein privates Abkommen ohne gesetzliche Grundlage, aber weil die drei Männer zusammen keine wirksamen politischen Gegner mehr besaßen, war der Senat praktisch ausgeschaltet. Niemand wagte, sich ihnen zu widersetzen. Das Volk stand hinter ihnen, denn es bekam Spiele und Geschenke im Überfluß.

59 v. Chr. wurde Caesar zum Konsul gewählt. Er setzte nicht nur die Anerkennung der Neuordnungen im Osten sowie

die Landvergabe für die Veteranen durch, sondern sicherte dem Triumvirat auch die besten Provinzen zur Statthalterschaft nach seiner Amtszeit. Für sich selbst reservierte er die beiden Gallien (Gallia Cisalpina und Transalpina/Narbonensis), ließ sich gleich für fünf Jahre benennen und zog nach Ablauf seiner Amtszeit an der Spitze eines Heeres dorthin.

CAESAR IN GALLIEN

Diese beiden römischen Provinzen waren zu jener Zeit nicht mehr als ein schmaler Landstreifen entlang der Küste. Zwischen 58 und 51 v. Chr. gelang es Caesar, das gesamte Gebiet des heutigen Frankreich bis hoch zur Kanalküste sowie große Teile der Schweiz und der Niederlande zu erobern und zu unterwerfen. Die verschiedenen keltischen und germanischen Stämme, die hier siedelten – Helvetier, Nervier, Treverer, Aquitaner –, lieferten ihm zwar zum Teil hartnäckige Kämpfe, doch am Ende war Roms Streitmacht stärker.

Mehrmals überschritt Caesar den Rhein, um die dort ansässigen Germanen zurückzudrängen und die eroberten gallischen Gebiete zu sichern. Zweimal setzte er sogar nach Britannien über, das wie Gallien von keltischen Stämmen besiedelt war. Hier trieb er seine Eroberungen allerdings nicht sonderlich weit, sondern wollte wohl eher einen Blick auf die sagenumwobene Insel werfen und die Macht Roms demonstrieren.

Bedeutende Namen seiner Gegner waren Ariovist im Elsaß, Cassivellaunus in Britannien, Ambiorix am Niederrhein und natürlich Vercingetorix, der in einem letzten Aufstand mehrere gallische Stämme vereinen und gegen den verhaßten Gegner antreten konnte, jedoch von Caesar besiegt

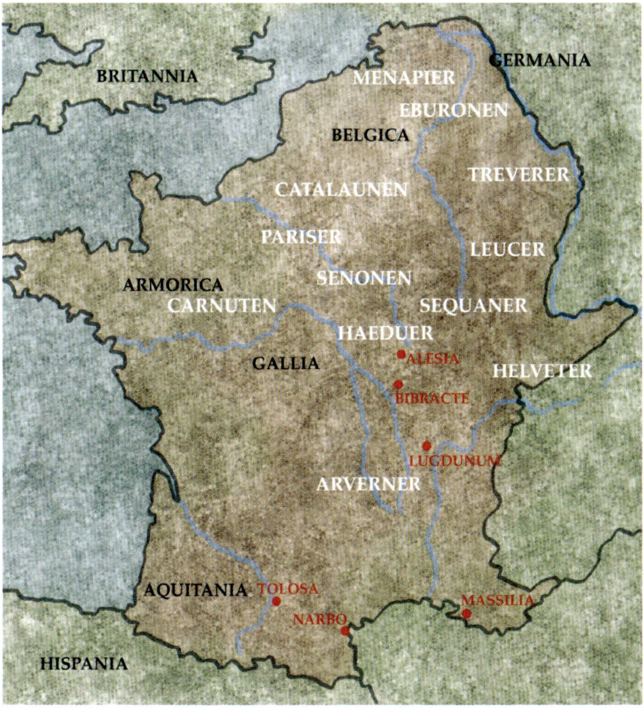

Gallien nach der Eroberung durch Caesar (51 v. Chr.)

und als Gefangener nach Rom gebracht wurde.

Während der Jahre, die Caesar in Gallien verbrachte, vertiefte sich der Streit zwischen den beiden Parteien in Rom – der Volkspartei, den Popularen, auf der einen und der Senatspartei, den Optimaten, auf der anderen Seite – immer mehr. 56 v. Chr. trafen sich die drei Männer des Triumvirats angesichts der bedrohlichen politischen Situation noch einmal und erneuerten ihr Bündnis.

Im Jahr darauf wurden Pompeius und Crassus zu Konsuln gewählt. Sie teilten die Provinzen für die Zeit nach Ablauf ihrer Amtsgewalt erneut zu ihren Gunsten ein: Pompeius erhielt Spanien, Crassus Syrien und Caesar Gallien auf weitere fünf Jahre. Crassus war jedoch kein günstiges Schicksal beschieden. Kurz nachdem er seine Statthalterschaft angetreten hatte, erlitt er auf seinem Feldzug gegen das dort ansässige Volk der Parther eine empfindliche Niederlage und wurde getötet (53 v. Chr.).

BÜRGERKRIEG ZWISCHEN CAESAR UND POMPEIUS

Pompeius kehrte bald schon nach Rom zurück und verstrickte sich immer tiefer in die Bandenkämpfe zwischen den Parteien. Beim Volk wurde er zunehmend unbeliebter, bis er sich schließlich offen dem Senat zuwandte. 52 v. Chr. wählte man ihn zum „Konsul ohne Kollegen" (*consul sine collega*), damit er wieder Ordnung in das bürgerkriegsähnliche Chaos bringen sollte. Drei Jahre später ging er dann jedoch einen Schritt zu weit, denn er veranlaßte den Senat, einen Beschluß zu fassen, der Caesar zur Auflösung seines Heeres, Niederlegung seines

Die ägyptische Königin Kleopatra – Geliebte von zweien der mächtigsten Männer Roms: Gaius Julius Caesar und Marcus Antonius

Amtes und Rückkehr nach Rom als Privatmann aufforderte, um sich hier für seine Taten in Gallien zu verantworten.

Caesar ging natürlich nicht darauf ein. Mit dem berühmten Ausspruch „*Alea iacta est* – der Würfel ist gefallen" (nicht „die Würfel", wie meist überliefert wird) wendete er sich wie zuvor Sulla gegen Rom selbst. Mit seinem Heer überschritt er den Rubikon, den Grenzfluß seiner Provinz und dem römischen Gebiet, und eroberte kurzerhand ganz Italien samt Rom. Pompeius und ein Teil des Senats flohen nach Griechenland. Caesar ließ sich nicht aufhalten und eroberte zudem Spanien, von wo aus er anschließend nach Epirus übersetzte. 48 v. Chr. traf er bei Pharsalus in Nordgriechenland auf Pompeius. Seine Truppen rieben das Heer der Pompeianer vollkommen auf, Pompeius mußte erneut fliehen und wandte sich nach Ägypten, wo er kurz darauf ermordet wurde.

Caesars Siegeszüge gingen indes weiter und führten ihn in sämtliche Gebiete des römischen Reiches. 48–47 v.Chr. führte er in Ägypten Krieg und wurde sogar zeitweilig in Alexandria eingeschlossen (bei den Kämpfen brannte die dortige Bibliothek, die größte und bedeutendste der antiken Welt, beinahe vollständig nieder). Nach seinem Sieg setzte er seine damalige Geliebte Kleopatra als Königin Ägyptens ein und wandte sich nach Kleinasien (47 v. Chr.). Bei Zela in der heutigen Türkei gelang ihm die Vernichtung der Streitkräfte König Pharnaces' von Pontus. Daraufhin begab er sich in die Provinz Africa, wo noch immer frühere Anhänger des Pompeius gegen seine Partei aufbegehrten. Bei Thapsus konnte er 46 v. Chr. auch ihren Rest vernichtend schlagen und kehrte schließlich im Triumph nach Rom zurück.

CAESARS ALLEINHERRSCHAFT

Zunächst ließ sich Caesar vom Senat zum Diktator für zehn Jahre und zum Zensor für Sitte und Moral (*praefectus moribus*) ernennen. De facto herrschte er nun allein, auch wenn ihm noch der Titel fehlte und der Senat offiziell im Amt war.

Er setzte eine Reihe von Reformen durch, die aus heutiger Sicht zwar sehr gut für den Staat und die darin lebende Bevölkerung waren, aber dem Senat natürlich nicht paßten. Beispielsweise erlangte nun auch die Bevölkerung im Norden Italiens das römische Bürgerrecht. Eines von Caesars neuen Gesetzen verkürzte die Amtszeit der Statthalter und schränkte die Ausbeutung ihrer Provinzen stark ein. Auch erhielten zahlreiche Provinzstädte dieselben Rechte wie die früheren italischen Bundesgenossen. Des weiteren übereignete Caesar vielen römischen Bürgern Grundstücke in den Provinzen, um die Zahl der städtischen Proletarier zu verringern.

Sein Ziel war es, aus dem losen Verband des römischen Herrschaftsgebietes ein einheitliches Reich zusammenwachsen zu lassen. In der Stadt selbst verbesserte er die staatliche Getreideversorgung, indem er 150.000 Einwohnern kostenloses Korn zuweisen ließ. Eine Reihe neuer Bauvorhaben, unter anderem die Basilika Julia und ein neues Forum, schaffte Arbeit und senkte die hohe Zahl der Arbeitslosen sehr schnell. Der Senat wiederum, der im Bürgerkrieg viele Mitglieder verloren hatte, wurde durch neue Ernennungen ergänzt und auf 900 Mitglieder erweitert.

Natürlich lösten all diese Neuerungen beim Senat Empörung aus, auch wenn zunächst niemand sich ihm zu widersetzen wagte. Caesars weiteres Vorgehen brachte jedoch das Faß zum Überlaufen. 45 v. Chr. ließ er sich zum Diktator auf Lebenszeit ernennen und mit dem Titel *Imperator* auszeichnen, der den Oberbefehl über die gesamten römischen Streitkräfte beinhaltete. Seinen Veteranen teilte er umfangreiche Ländereien zu und sicherte sich damit die Loyalität des ganzen Heeres. Für seine Person erwarb er das gleiche Recht auf Unverletzlichkeit, das den Volkstribunen zustand, und nahm uneingeschränkten Einfluß auf die Beschlüsse der Volksversammlung. Sein Geburtstag wurde zum Nationalfeiertag erhoben, und mancherorts feierte man ihn bereits mit göttlichen Ehren.

Der Senat begann, unter der Führung von Gaius Cassius und Marcus Junius Brutus eine Verschwörung zu planen. Caesar sollte gestürzt und die Adelsherrschaft wiederhergestellt werden. Als er am 15. März 44 v.Chr. (den „Iden des März“, wie dieser Tag im römischen Kalender genannt wurde) zur Senatsversammlung erschien, umringten ihn die Verschwörer und stachen ihn mit ihren heimlich mitgebrachten Dolchen nieder.

ANTONIUS UND OCTAVIAN

Auch wenn Caesar nun tot war, hieß das noch lange nicht, daß der Senat die alte Republik wiederherstellen konnte. Das Volk hatte Caesar wegen seiner militärischen Erfolge und all der popularen Reformen geliebt, ebenso die Soldaten. Der Senat gewährte seinen Mördern zwar Amnestie, doch der allgemeine Aufruhr und das Chaos in Rom verhalfen Caesars Erben – Marcus Antonius und Octavian – zur Macht. Ersterer war ein Feldherr in Caesars Armee gewesen und zuletzt sein Mitkonsul. Letzteren hatte Caesar testamentarisch zu seinem Alleinerben bestimmt, denn er war sein Neffe und Adoptivsohn. Eigene Söhne gab es nicht, und seine Tochter Julia war bereits Jahre zuvor gestorben. 43 v. Chr. schlossen sich Antonius und Octavian mit Lepidus, einem weiteren Feldherrn aus Caesars Heer, zu einem neuen Triumvirat zusammen.

Die Verschwörer und Mörder flohen nach Griechenland und sammelten dort Truppen, doch Antonius konnte sie im folgenden Jahr bei Philippi in Mazedonien vernichtend schlagen. Cassius und Brutus begingen Selbstmord. Die drei Männer des Triumvirates teilten daraufhin die Macht im Reich untereinander auf: Lepidus bekam Africa, wurde jedoch 36 v. Chr. durch Wahl zum Pontifex Maximus, dem obersten Priester im Staat, politisch ausgeschaltet. Octavian erhielt den Westen samt Italien, wo er sich um die Ansiedlung der Veteranen kümmerte, und Antonius bekam den Osten und zog nach Ägypten.

Octavian, Caesars Neffe und Adoptivsohn

Dort verliebte er sich in Königin Kleopatra, ließ sich von seiner Frau, einer Schwester Octavians, scheiden, heiratete die Ägypterin 36 v. Chr. und regierte mit ihr zusammen wie ein orientalischer Großkönig. Das stieß bei der römischen Bevölkerung nicht gerade auf Wohlwollen. Als Antonius daranging, Kleopatra römisches Gebiet für ihr Königreich zu schenken und ihren Sohn Caesarion (dessen Vater Gaius Julius Caesar war) zum Mitregenten erhob, reagierte Octavian sehr geschickt. Er streute das Gerücht, Antonius stehe so sehr unter Kleopatras Einfluß, daß er Rom ganz an Ägypten geben und Alexandria zur Hauptstadt des Reiches machen wolle. Der Senat erklärte daraufhin Kleopatra den Krieg. Antonius blieb auf ihrer Seite, aber ein Großteil seines Heeres lief zu Octavian über.

31 v. Chr. kam es zum entscheidenden Kampf: Antonius unterlag in einer großen Seeschlacht bei Actium an der griechischen Westküste – Kleopatras Flotte wurde vollständig vernichtet –, seine Legionen wechselten kampflos auf die Gegenseite. Antonius selbst floh zurück nach Ägypten, wohin ihm Octavian ein Jahr später an der Spitze seiner Truppen folgte. Er nahm Alexandria ein, woraufhin Antonius und Kleopatra Selbstmord begingen.

Octavian blieb zunächst in der Stadt, um die Verhältnisse neu zu ordnen. Ägypten wurde römische Provinz. 29 v. Chr. kehrte er schließlich als Alleinherrscher nach Rom zurück.

DAS ZEITALTER DES AUGUSTUS

Nach den jahrelangen Bürgerkriegen sehnte sich ganz Rom nach längerem Frieden und politischer Ordnung. Octavian schien derjenige zu sein, der diesen Traum verwirklichen konnte. Senat und Volksversammlung statteten ihn mit umfangreichen Machtbefugnissen aus: Octavian erhielt den Oberbefehl über alle Provinzen des Reiches, in denen es noch zu kriegerischen Auseinandersetzungen kommen konnte. Ihm wurde der Titel Imperator übertragen und der Beiname *Augu-*

Octavian nannte sich nach seiner Machtübernahme Imperator Caesar Augustus; als alleiniger Herrscher über Rom leitete er den Übergang von Republik zu Kaiserzeit ein und wird seither in der Geschichtsschreibung als Kaiser Augustus bezeichnet.

stus verliehen, was soviel bedeutete wie „Mehrer des Reiches". Wegen seiner Verwandtschaft mit Gaius Julius Caesar nannte er sich fortan nicht mehr einfach Octavian, sondern Imperator Caesar Augustus – ein Titel, den künftig alle seine Nachfolger tragen sollten. Der Bestandteil *Caesar* war der Grundstein für den späteren mittelalterlichen Titel *Kaiser*.

Augustus, wie die Geschichtsforschung Octavian seither gemeinhin nennt, bekleidete von 27–23 v. Chr. durchgehend das Amt des Konsuls, verzichtete dann jedoch offiziell auf eine Weiterführung. Stattdessen wurde ihm die tribunizische Gewalt auf Lebenszeit übertragen, was beinhaltete, daß er quasi der Herr über die Volksversammlung war und kein Volkstribun mehr gegen seine Gesetze ein Veto einlegen konnte. Auch wenn er den Königstitel immer weit von sich wies und stets darauf bestand, lediglich der *princeps* des Senats (der „Erste unter Gleichgestellten") zu sein, war er praktisch doch der alleinige Herrscher Roms.

Die alte Republik war nun endgültig abgelöst.

Für Rom bedeutete dieser Wandel jedoch zunächst viel positives. Dichter bezeichneten Augustus' Regentschaft als das Goldene Zeitalter, die *Pax Augusta* (augusteischer Frieden). Es gab keine Bürgerkriege mehr, und auch in den unsicheren Provinzen dienten die militärischen Maßnahmen nur der Sicherung der Grenzen statt zu Eroberung und Ausweitung der Gebiete. Für das einfache Volk gab es kostenlose monatliche Getreidespenden und zur Belustigung sportliche Wettkämpfe und Gladiatorenspiele. Straßen und Brücken wurden ausgebaut, das Netz der Wasserleitungen verbessert, Prachtbauten und Tempel errichtet, Kunst und Literatur gefördert.

Augustus zahlte alles aus seinem Privatschatz, den er von Caesar geerbt und durch die Auseinandersetzungen mit Antonius sowie seine vielen erfolgreichen Feldzüge vermehrt hatte. Andererseits überwachte er jedoch streng die Finanzangelegenheiten des Staates. Beispielsweise führte er die Bemühungen Caesars fort, der Geldgier der Provinzstatthalter einen Riegel vorzuschieben. Er ließ ihre Amtsführung überwachen und führte ein festes Gehalt für sie ein, so daß niemand mehr die Steuereintreibung zu seinen Gunsten ausweiten konnte. Später übertrug er sogar die Finanzverwaltung Roms sowie der Provinzen speziellen Beamten, den Prokura-

Die Ara Pacis Augustae, ein Altar zu Ehren Kaiser Augustus', der den augusteischen Frieden (Pax Augusta) und das neue Goldene Zeitalter Roms versinnbildlichen soll; vom Senat 13 v. Chr. in Auftrag gegeben und 9 v. Chr. feierlich eingeweiht.

toren. Sie entstammten alle dem Ritterstand, waren dem Kaiser direkt unterstellt und nicht von den Statthaltern abhängig.

Überhaupt sorgte Augustus dafür, daß die Ritter mehr Macht im Staat erhielten. Nach und nach entstand eine Art Dienstadel oder Berufsbeamtentum, das wichtige Verwaltungsaufgaben übernahm, nicht mehr jährlich wechselte und sich mehr durch Sachkenntnis auszeichnete als durch Namen und Herkunft. Selbst Freigelassene und Sklaven erhielten Stellen im unteren Bereich der Staatsverwaltung. Damit sicherte Augustus sich die absolute Loyalität seiner Beamten, die ihm von Senatoren niemals entgegengebracht worden wäre.

Zudem reformierte er das Heer grundlegend und schuf eine Berufsarmee, ein stehendes Heer, das stets einsatzbereit war und nicht erst in Krisensituationen ausgehoben werden mußte. Dazu zählten auch zwei Flotten. In der Stadt stellte er eine Art Polizeitruppe zusammen, die für Recht und Ordnung auf den Straßen sorgen sollte, sowie eine Berufsfeuerwehr, um der zahlreichen Brände, die vor allem in den dicht besiedelten Mietshausvierteln immer wieder ausbrachen, Herr zu werden. Sich selbst umgab Augustus mit einer etwa 10.000 Mann starken Elitetruppe, der sogenannten Prätorianergarde.

Die Prätorianer waren eine militärische Elitetruppe, deren alleinige Aufgabe im Schutz des Kaisers und seiner Familie bestand.

GERMANIEN

Augustus' „Befriedungspolitik" erstreckte sich zunächst auf Gallien, wo er die Provinzen neu ordnete. Daß aber selbst Römer irgendwann auf unüberwindliche Gegner stoßen, mußte Augustus an der Grenze seines Reiches zu Germanien erkennen. Seine beiden Stiefsöhne Drusus und Tiberius, die im Jahre 15 v. Chr. bereits durch Vorstöße an die Donau die beiden neuen Provinzen Raetia und Noricum in das Reich eingegliedert hatten, konnten zunächst auch weite Gebiete Germaniens bis an die Elbe und die Donau unter ihre Gewalt bringen. Truppenlager wurden errichtet, Straßen gebaut.

Solange die Römer der ansässigen Bevölkerung ihre Lebensgewohnheiten ließen, blieb auch alles friedlich. Als aber der Feldherr Quintilius Varus Statthalter der neuen Provinz Germania wurde und mit harter Hand römische Gepflogenheiten durchzusetzen versuchte, begehrten die Germanen auf. Im Jahre 9 n. Chr. kam es im Teutoburger Wald zur entscheidenden Schlacht. Arminius, der Sohn eines Cheruskerfürsten (die Cherusker waren ein germanischer Stamm aus dem heutigen Westfalen), hatte selbst längere Zeit bei den Hilfstruppen der römischen Legionen gedient. Es gelang ihm, mehrere unzufriedene Germanenstämme unter seiner Führung zu vereinen und die Römer in einen Hinterhalt zu locken. Varus fiel darauf herein, zumal seine Truppen die Gegend nicht kannten. Drei Legionen wurden völlig vernichtet, Varus und seine Offiziere begingen Selbstmord. Daraufhin gab Augustus sein Vorhaben in Germanien auf und entsandte Tiberius mit dem Oberbefehl über die Provinz in den Norden. Dieser konnte den Rhein als Reichsgrenze sichern, doch weiter sollten die Römer nicht nach Germanien eindringen.

DIE JULISCH-CLAUDISCHE DYNASTIE

Im Sommer 14 n. Chr. starb Augustus und wurde in einem Mausoleum in Rom beigesetzt. Kurz vor seinem Tod hatte er seinen eigenen Lebensbericht verfaßt, der nun in Form von Bronzeplatten auf Pfeilern vor dem Mausoleum angebracht wurde. Da er ohne Söhne geblieben war, hatte er Tiberius adoptiert und als Erben eingesetzt.

Dieser mußte sich sein Amt als Imperator Caesar Augustus jedoch zunächst schwer erkämpfen, da ihm die Beliebtheit und Anerkennung seines Adoptivvaters fehlten. Hinzu kamen Aufstände innerhalb der in Germanien stationierten Legionen, deren Dienstzeit zum Ausgleich der Verluste in der Varusschlacht und zur Sicherung der Grenzen immer wieder verlängert worden war. Tiberius ließ die Meutereien durch seinen Neffen Germanicus niederschlagen und startete einen erneuten Eroberungszug ins feindliche Territorium. Wegen zu hoher Kosten mußte er das Projekt aber schon nach zwei Jahren endgültig aufgeben.

Innenpolitisch setzte Tiberius einige weitgreifende Veränderungen durch, die ihn bei Volk und Senat unbeliebt machten. Er übertrug die Wahl der Beamten vom Volk auf den Senat und schaffte die Volksversammlung gänzlich ab. Die Bürger hatten also keinerlei Einfluß mehr auf die Regierung. Andererseits machte sich Tiberius viele luxusverwöhnte Senatoren und Ritter allein durch seine strenge Lebensauffassung zum Gegner. Sie wandten sich von ihm ab, und es kam zu zahlreichen Prozessen wegen Majestätsbeleidigung.

Tiberius zog sich immer mehr vom gesellschaftlichen Leben zurück und erlag zunehmend dem Einfluß des Präfekten (Vorsteher) seiner Prätorianergarde: Sejanus. Als jedoch auch dieser sein Vertrauen mißbrauchte und sich selbst an die

Spitze des Reiches stellen wollte, ließ Tiberius ihn wegen Hochverrats verurteilen und hinrichten (31 n. Chr.). Tief verletzt kehrte Tiberius Rom den Rücken und zog sich verbittert nach Capri zurück. Von dort aus regierte er mit grausamer Härte, erließ willkürlich Hinrichtungsbefehle gegen Jedermann und zeigte sich nur noch selten in der Öffentlichkeit.

Als er schließlich im Jahre 37 n. Chr. starb, atmete ganz Rom erleichtert auf.

Da sein Sohn Drusus auch nicht mehr lebte, trat der 25jährige Sohn seines Neffen Germanicus, Gaius Caesar Germanicus, das Erbe an. In die Geschichtsforschung ist dieser jüngere Germanicus jedoch unter dem Namen Caligula, das „Soldatenstiefelchen", eingegangen. Während sein Vater kurz nach Tiberius' Amtsantritt die Aufstände der Legionen in Germanien niedergeschlagen und die erneuten Feldzüge geleitet hatte, war sein kleiner Sohn ihm ständig gefolgt. Die Soldaten hatten ihn liebevoll „Stiefelchen" genannt, weil er der

Kaiser Gaius Caesar Germanicus, genannt Caligula („das Soldatenstiefelchen")

Legende zufolge dauernd in den viel zu großen Soldatenstiefeln seines Vater umherstolziert sein soll.

Doch Caligula entpuppte sich als weitaus schrecklicherer und grausamerer Herrscher als Tiberius. Zwar schaffte er zunächst die Majestätsprozesse ab und ließ das Volk wieder die Beamten wählen, aber bereits nach wenigen Monaten stieg ihm die Macht zu Kopf. Er wandelte das augusteische Prinzipat in ein Gottkaisertum um, wie es im Orient gebräuchlich war, und ließ sich als Gott anbeten. Erfolglose Schaufeldzüge gegen Germanien und Britannien sollten das Volk von seiner Allmacht überzeugen, erreichten aber eher das Gegenteil. Dann schwenkte sein Größenwahn in eine ernste Geisteskrankheit um. Er erhob sein Lieblingspferd zum Senator, tötete seine hochschwangere Frau und verspeiste das ungeborene Kind, damit es wie in der Göttermythologie geboren werde, indem es seinem, Caligulas, Götterkopf entspringen möge – um nur einige Beispiele seiner Eskapaden zu nennen.

Nur vier Jahre nach seinem Amtsantritt wurde er mit Einverständnis des Senats von seinen eigenen Prätorianern ermordet.

Seinen Onkel Claudius, der eigentlich gar nicht regieren wollte, erhoben die Prätorianer 41 n.Chr. zum Nachfolger. Auch wenn dieser von den zeitgenössischen Geschichtsschreibern aufgrund einer leichten Körperbehinderung und seiner Schwäche für Frauen nicht gerade positiv bewertet wurde, ist er aus heutiger Sicht doch einer der besten Kaiser für Rom gewesen. Er straffte die Reichsverwaltung erneut, verwirklichte umfangreiche Baumaßnahmen bei Straßen, Wasserleitungen und im römischen Hafen von Ostia und schuf zahlreiche neue Hofämter und Beamtenstellen, die er durchweg mit

Freigelassenen besetzte. Auf diese Weise sicherte er sich die Loyalität seiner Magistrate und konnte die Staatsgeschäfte während längerer Abwesenheiten in vertrauensvolle Hände geben.

Kaiser Claudius

Und derer gab es mehrere. Um sein politisches Ansehen aufzubessern, ging Claudius daran, dem Reich neue Gebiete hinzuzufügen. Zunächst griff er die Eroberungszüge in Britannien wieder auf, die Caesar aufgrund der Probleme in Gallien hatte fallen lassen müssen. Wenn ihm gelänge, was Caesar nicht geschafft hatte, würden all die Gegner, die ihn wegen seiner halbseitigen Lähmung nicht ernst nahmen, mundtot gemacht sein. Da in Britannien zu dieser Zeit schwere innere Auseinandersetzungen zwischen den keltischen Stammesfürsten tobten, hatten die Römer relativ leichtes Spiel. Bereits 43 n.Chr. war die Eroberung Südbritanniens abgeschlossen und das Gebiet als neue Provinz ins Reich eingegliedert. Claudius konnte seinen ersten Triumph feiern. 46 n.Chr. schloß sich die Eroberung großer Gebiete im Osten Europas an, die in der Errichtung der Provinz Thracia endete. In Nordafrika konnte er sich schließlich in Mauretani-

Kaiser Nero

en durchsetzen und auch den letzten Streifen der Nordküste der römischen Herrschaft unterstellen.

Im Jahre 54 n. Chr. fiel Claudius jedoch den politischen Ränken seiner zweiten Frau Agrippina zum Opfer, die ihn ermorden und ihren Sohn aus erster Ehe, Nero, auf den Thron setzen ließ.

Nero war zu diesem Zeitpunkt zwar schon 17 Jahre alt, überließ die Regierung dennoch fast ausschließlich seinem Erzieher und Lehrer, dem Philosophen Seneca, sowie dem Prätorianerpräfekten Burrus. Obwohl diese beiden sich finanziell aus den Provinzen reich bedienten, sorgten sie dennoch in Rom für ein neues, wenn auch recht kurzes Goldenes Zeitalter.

Zwischen 58 und 63 n. Chr. gab es heftige Kämpfe in Kleinasien gegen die Parther, bei denen der Feldherr Corbulo Armenien zurückgewinnen und einen Verständigungsfrieden mit den Parthern schließen konnte. 60/61 n. Chr. schlug der

General Paulinus in Britannien eine Revolte unter Führung der keltischen Stammeskönigin Boudicca nieder.

Doch kurz danach kippte auch bei Nero wie schon bei Caligula die geistige Verfassung um. Im Glauben, allmächtig zu sein und durch nichts aufgehalten werden zu können, tötete Nero nacheinander seinen Stiefbruder, seine Mutter und seine Gemahlin. Er nahm die unter Tiberius so gefürchteten Maje-

Die britische Stammeskönigin Boudicca; 60/61 n.Chr. war es ihr gelungen, eine ernstzunehmende Revolte gegen die römische Besatzung anzuzetteln, die jedoch niedergeschlagen werden konnte.

stätsprozesse wieder auf und ließ gnadenlos alle hinrichten, die auch nur das geringste an ihm oder seinen Handlungen auszusetzen hatten oder seine Göttlichkeit in Frage stellten. Sogar seinen Erzieher Seneca zwang er zum Selbstmord.

Als im Jahre 64 n.Chr. ein großer Brand mehrere Stadtviertel Roms vernichtete, beschuldigte Nero die Christen, das Feuer gelegt zu haben. Diese neue Religion war ohnehin verhaßt, denn jeder vermutete hinter ihren Zusammenkünften verschwörerische Umtriebe. Auch wenn sich das Gerücht, Nero habe den Brand selbst gelegt, hartnäckig hielt, ließ er hunderte Christen verhaften und gestaltete ihre Hinrichtungen in seinen kaiserlichen Gärten zu einem wahren Volksfest. Auf den Trümmern der abgebrannten Stadtteile baute er einen neuen Palast, das „Goldene Haus".

Je schlimmer sein Wahnsinn wurde, umso mehr Widerstand regte sich. 68 n.Chr. rebellierten schließlich die Statthalter der gallischen und spanischen Provinzen und trieben Nero, der sich gerade in diesem Teil seines Reiches aufhielt, zur Flucht. Unterwegs ließ sich der Kaiser von einem Freigelassenen töten. Seine letzten Worte sollen laut dem Geschichtsschreiber Sueton gelautet haben: „Welch ein Künstler stirbt mit mir!"

DIE FLAVISCHE DYNASTIE

Der Tod Neros löste ein kurzes Chaos aus, in dem vier Männer innerhalb eines Jahres den Kaisertitel für sich beanspruchten: Galba, der Statthalter von Hispania Citerior; dann Vitellius, der Befehlshaber der Rheinarmee; dann Otho, der Statthalter der gallischen Provinz Lusitania, und schließlich der Flavier Vespasian, der sich 69 n. Chr. durchsetzen konnte. Er hatte während der letzten Regierungsjahre Neros als Feldherr in der Provinz Judäa gedient und dort einen Aufstand der Juden bekämpft. Kurz nach seiner Machtübernahme gelang ihm die Niederschlagung der Rebellion und seinem Sohn Titus die Eroberung Jerusalems.

Kaiser Vespasian

Während seiner zehnjährigen Herrschaft wurde der Senat auf 1.000 Mitglieder erweitert, die wie Vespasian aus dem plebejischen Dienstadel stammten. Zudem beseitigte er viele Mißstände in der Verwaltung und vor allem im Finanzwesen, die durch Nero entstanden waren. Die Tradition großer Bauvorhaben fortsetzend, begann er mit dem Bau des bis dahin größten Rundtheaters des Reiches, des sogenannten Flavischen Amphitheaters, besser bekannt unter dem Namen Kolosseum. 50.000 Zuschauer fanden auf seinen Sitzreihen Platz und konnten sich an Tierhatzen, Gladiatorenkämpfen und anderen „Belustigungen" erfreuen.

Als Vespasian 79 n. Chr. starb, folgte ihm sein Sohn Titus

auf den Thron. Dessen Regierungszeit dauerte jedoch nur drei Jahre. Das wichtigste Ereignis dieser Zeit war der Ausbruch des Vesuvs, der die Städte Pompeji, Herculanum und Stabiae vollkommen unter Lava und einer dicken Schicht Asche begrub.

Nach Titus' Tod übernahm sein jüngerer Bruder Domitian 81 n. Chr. die Kaiserwürde. Er setzte die schon von seinem Vater Vespasian (allerdings recht erfolglos) wieder aufgenommene Eroberung Britanniens fort und konnte die Grenzen des römisch kontrollierten Gebietes bis nach Schottland vorantreiben. Ein Grenzwall wurde 84 n.Chr. errichtet, der das Land nach Norden hin absichern sollte.

Kaiser Domitian

Auch in Germanien wollte Domitian Ruhm ernten und trat 83 n. Chr. einen Feldzug gegen den Stamm der Chatten an. Bald schon mußten die Römer jedoch einsehen, daß sie die Germanen nicht völlig würden besiegen können. Rhein und Donau wurden die endgültigen Reichsgrenzen.

Domitian ließ den Bereich zwischen oberer Donau, Schwarzwald, Taunus und Oberrhein (das sogenannte Decumatenland) besetzen und durch einen Grenzwall aus Erdwerk, Pfählen und Steinmauern, den Limes, sichern. Dieser um 90 n.Chr. begonnene Wall war über 550 km lang.

Etwa alle 500 m wurde ein Wachtturm errichtet, alle zwei Wegstunden ein Kastell.

Nach und nach schlug aber auch Domitians Herrschaft in Grausamkeit und Despotismus um. Der allgemeine Haß auf ihn entlud sich schließlich 96 n. Chr. in einer Verschwörung des Palastes, die in seiner Ermordung gipfelte. Sein Name wurde aus sämtlichen Listen gestrichen und von Denkmälern entfernt, seine Statuen wurden vernichtet. Nichts sollte mehr an Domitians Herrschaft erinnern.

Kaiser Titus

DIE ADOPTIVKAISER

Da Domitian keinen Sohn hinterlassen hatte, wählte der Senat M. Cocceius Nerva als seinen Nachfolger. Dieser beseitigte die Sondergerichte, die seit Tiberius widerspenstige Senatoren nach dem Willen des Kaisers zum Tode verurteilten. Nach einer Meuterei der Prätorianer adoptierte er den Spanier Trajan und bestimmte ihn zu seinem Nachfolger. Damit war das dynastische Prinzip endgültig abgelöst, denn Nerva hatte denjenigen ausgewählt, den er für den geeignetsten hielt. Seine Nachfolger sollten beinahe einhundert Jahre lang auf dieselbe Weise den Thron erlangen und dem Reich dadurch innere Stabilität und Wachstum nach außen sichern.

Kaiser Trajan

Trajan war der erste Kaiser, der aus einer Provinz stammte und nicht aus der Stadt bzw. einem alteingesessenen Adelsgeschlecht. Als er 98 n. Chr. die Herrschaft von Nerva übernahm, besetzte er zunächst Dakien im heutigen Siebenbürgen, wo es reiche Bodenschätze gab. Der Name Rumänien zeugt noch immer davon, wie schnell die Daker die römische Lebensweise übernahmen, nachdem sie als Provinz in das Reich eingegliedert worden waren (105

n. Chr.). Ein Jahr später eroberte Trajan das Reich der Nabatäer in Nordarabien an der Ostgrenze Ägyptens und gewann den gesamten Landstrich als Provinz Arabia für den Staat hinzu. Auch an der Ostgrenze kämpfte er erfolgreich und konnte nach dem Sieg über die Parther 117 n.Chr. die Gebiete als Provinzen Armenia, Assyria und Mesopotamia dem Imperium einverleiben.

Nun hatte das Römische Reich seine größte Ausdehnung erreicht. Nicht zu Unrecht verlieh ihm der Senat den Titel *Optimus*, der Beste.

Auf einem weiteren Feldzug in Richtung Persischer Golf starb Trajan 117 n. Chr. Sein Nachfolger Hadrian, ebenfalls ein Spanier, verzichtete jedoch auf Trajans Eroberungen im Osten, schloß Frieden mit den Parthern und gab ihnen große Gebiete zurück. Der Euphrat stellte von nun an die Grenze Roms zum Osten hin dar.

Hadrian war wohl der reisefreudigste römische Kaiser überhaupt. Während seiner Regentschaft durchquerte er nahezu das gesamte Reich, besichtig-

Kaiser Hadrian

HIBERNIA
BRITANNIA
GERMANIA INFERI
GERMANIA
BELGICA
AGRI DECUM
RAETIA
GERMANIA SUPERIOR
NOR
GALLIA
GALLIA CISALPINA
PANN
DALM
HISPANIA
CORSICA
ITALIA
SARDINIA
SICILIA
MAURETANIA
AFRICA
NUMIDIA
AFRICA PROCONSULARIS

Roms größte Ausdehnung unter Kaiser Trajan (117. n. Chr.)

Kaiser Marcus Aurelius, „der Philosoph auf dem Kaiserthron“

te Truppenlager und Städte, überprüfte und verbesserte die Verwaltung, veranlaßte den Bau von Wasserleitungen, Bädern, Theatern und Tempeln auch in entlegensten Gebieten und verstärkte den Limes in Germanien sowie den Wall an der Grenze zu Schottland, der fortan seinen Namen (Hadrianswall) tragen sollte.

Sein politisches Ziel war nicht die Ausdehnung des Reiches, sondern dessen Schutz und die Sicherung des Friedens. Lediglich ein neuer Aufstand der Juden in Palästina unter Bar Kochba zwang ihn zu einem Feldzug, der 135 n. Chr. mit der Eroberung Jerusalems endete.

Als Hadrian 138 n. Chr. starb, wurde er in Rom in einem monumentalen Rundtempel beigesetzt, dem Mausoleum Hadriani, das uns heute als Engelsburg bekannt ist.

Sein Erbe Antonius Pius setzte diese Friedenspolitik fort. Der Limes wurde weiter ausgebaut, das Heer durch einheimische Truppen ergänzt und in Britannien der Wall bis an den Firth of Forth verschoben (Antoniuswall). Pius' Neffe Marcus Aurelius übernahm nach dessen Tod 161 n. Chr. die Herrschaft und versuchte zunächst, den Zustand der Ruhe und Sicherheit aufrechtzuerhalten. Aufgrund seiner schriftstellerischen Begabung wurde er bald schon „der Philosoph auf dem Kaiserthron" genannt. Doch als die Parther an der Ostgrenze aktiv wurden und Armenien, Kappadokien und Syrien besetzten, mußte Marcus Aurelius handeln. 163 n. Chr. siegten die Römer in der Schlacht von Dura Europos und besetzten Mesopotamien. Nur wenig später drohte Rom allerdings eine neue Gefahr: Der germanische Stamm der Markomannen überrannte im Bündnis mit den Reitervölkern der Quaden und Sarmaten die Provinzen an der Donau und stieß plündernd bis zur Adria vor. Erst 175 n. Chr. gelang es Marcus Aurelius, nach einer großen Offensive die Donaugrenze wieder zu sichern und Frieden mit den Markomannen zu schließen.

Ein Jahr später erhob er seinen Sohn Commodus zum Mitregenten und führte damit die dynastische Erbfolge wieder ein – ein für das Reich folgenschwerer Fehler, wie sich herausstellen sollte. 178 n.Chr. griffen die Markomannen erneut an, so daß Marcus Aurelius wieder in den Norden ziehen mußte. Noch während des Feldzugs starb er 180 n. Chr. in Vindobona (dem heutigen Wien), ohne nennenswerte Erfolge erzielt zu haben. Sein unfähiger Nachfolger Commodus stellte die Kämpfe schon bald ein, erkaufte sich den Frieden durch Tributzahlungen und kehrte nach Rom zurück. Wie einige Vertreter der julisch-claudischen Dynastie erlag auch er dem Größenwahn und hielt sich für eine Inkarnation des Hercules und Mithras. Willkürlich verkaufte er Ämter an Meistbietende oder enge Freunde

Kaiser Commodus; er hielt sich für eine Inkarnation des Hercules und ließ sich gern entsprechend portraitieren.

und wollte Ruhm als Gladiator in der Arena ernten. Es kam zu Aufständen in Rom und einigen Provinzen, und schließlich fiel Commodus 192 n. Chr. einer Palastverschwörung zum Opfer.

DIE SEVERISCHE DYNASTIE

Im darauffolgenden Jahr bemühten sich erneut vier Männer um den Thron, und zwar Clodius Albinus aus Britannien, P. Niger aus Syrien, Didius Julianus aus Rom und Septimius Severus aus Pannonien. Letzterer konnte sich durchsetzen und versuchte, durch eine erfundene Adoption als Marcus Aurelius' Sohn seine Herrschaft zu legitimieren. Nach einem neuerlichen erfolgreichen Krieg gegen die Parther hielt sich Severus fast ausschließlich in Syrien und Afrika auf. Sein Hauptaugenmerk galt stets dem Heer, denn er ver-

Kaiser Caracalla

traute darauf, daß die kaiserliche Macht im wesentlichen von der Loyalität der Truppen abhing. 208 n. Chr. brach er zu einem Kriegszug nach Britannien auf. Seine Söhne Caracalla und Geta, die ihn begleiteten, erhob er unterwegs zu Mitkaisern und sicherte so die Erbfolge innerhalb seiner Familie. Als er kurz darauf (211 n. Chr.) bei Eburacum, dem heutigen York, fiel, bestieg Caracalla den Thron und tötete Geta mitsamt dessen Anhängerschaft.

Doch auch Caracalla war keine lange Herrschaft beschieden. Nach einigen erfolglosen Feldzügen gegen die Alamannen am Rhein und die Parther am Euphrat wurde er 217 n. Chr. ermordet. Zwar übernahmen nacheinander mehrere seiner Neffen die Regierung, aber die Tage der Severer waren gezählt, denn sie töteten sich gegenseitig, bzw. der letzte wurde 235 n. Chr. bei einem Heeresaufstand erschlagen.

DIE SOLDATENKAISER

Es folgten 50 unsichere und chaotische Jahre, in denen das Heer den entscheidenden Machtfaktor darstellte. Es wählte die Kaiser, stürzte sie aber genauso wieder, wenn sie nicht dem Willen der Truppen entsprachen. Der Senat wurde völlig entmachtet. Zuweilen erhoben die westlichen Legionen einen anderen Feldherrn zum Imperator als die östlichen, und es kam zu Bürgerkriegen. Allein zwischen 235 und 285 n. Chr. erlebte Rom 26 Regierungswechsel. Die Blüte des Reiches war dahin, überall machten sich durch die andauernden Kriege Armut und Hungersnöte breit. Die Staatsausgaben kletterten in unüberschaubare Höhen und wurden in Form von Steuern auf die Bevölkerung abgewälzt. Der Handel geriet ins Stocken, die Provinzen verödeten, in den Städten stieg die

Zahl der Proletarier wieder erheblich an.

So geschwächt hatte das riesige Imperium den Angriffen von außen nicht mehr viel entgegenzusetzen. Die alten Gegner des Reiches konnten wertvollen Boden gewinnen und Rom immer weiter zurückdrängen: Die Alamannen überschritten den Limes und nahmen das Dekumatenland ein, die Briten gewannen ihre Insel Stück um Stück zurück, die Goten drangen vom Schwarzen Meer aus vor und eroberten Dakien. Der gefährlichste Gegner sollte jedoch in Zukunft das neue persische Geschlecht der Sassaniden werden, das im Osten die Macht von den Parthern übernommen hatte.

284 n. Chr. bestieg Diokletian, der Sohn eines dalmatinischen Sklaven, den Thron. Er führte eine umfassende Reichsreform durch, die zumindest einen Teil der Schäden ausbessern konnte. Diese beinhaltete unter anderem die Teilung der Herrschaftsgewalt auf zwei Kaiser. Diokletian hatte erkannt, daß ein Mann allein der Schwierigkeiten an allen Grenzen nicht mehr Herr werden konnte. Er erhob den Feldherrn

Kaiser Diokletian

Maximian zum Mitkaiser, der fortan den westlichen Teil regieren sollte. Diokletian selbst wollte im Osten bleiben.

Das Reich wurde in zwölf Bezirke und diese wiederum in ca. 100 Provinzen unterteilt, die jeweils ein Statthalter mit einem dazugehörigen Beamtenstab verwaltete. Die Statthalter führten nicht mehr das Oberkommando über die Streitkräfte, so daß fortan Verwaltung und Militär getrennt wurden. Um die Macht noch besser aufzuteilen und Mißbrauch zu verhindern, adoptierten Diokletian und Maximian jeder seinen Gardepräfekten, erhoben sie zum Caesaren und setzten sie als Nachfolger ein. Nach zwanzigjähriger Regentschaft sollten die beiden Kaiser zugunsten dieser Caesaren abdanken, die Caesaren Kaiser werden und ihrerseits Caesaren zu Nachfolgern bestimmen.

Um die zunehmende Teuerungsrate aufzufangen, erstellte Diokletian im Jahre 301 n.Chr. eine Höchstpreisliste für Waren und Dienstleistungen, die er auf Stein– oder Metalltafeln veröffentlichte. Außerdem ließ er eine Haushaltsrechnung aufstellen, die die Steuern nach der Höhe der zu erwartenden Erträge der Felder und der Ausgaben für die nächsten 15 Jahre festlegte. Danach sollte neu bemessen werden. Der ständigen Geldentwertung setzte er durch eine Währungsreform ein Ende.

Natürlich hatten die Reformen auch Nachteile. Die straff durchorganisierte Bürokratie innerhalb der neuen Verwaltungsstruktur zwang die Bürger, in vielerlei Hinsicht ihre Freiheiten aufzugeben. Sie wurden zu Untertanen. Die Kaiser ließen sich nun offiziell mit den Titeln *Dominus* (Herr) und *Deus* (Gott) anreden und fühlten sich nicht mehr als Principes, als Erste unter Gleichen einer Adelsgesellschaft. Diokletian vertiefte das Hofzeremoniell und glich es den orientalischen Gottkönigen an. Kniend mußte der Kaiser begrüßt werden, er trug eine eigene Herrschertracht und war umgeben von einem Kronrat.

Rom wurde absolute Monarchie, nach dem Titel des Kaisers auch Dominat genannt.

KONSTANTIN DER GROßE

Im Jahre 305 n. Chr. dankten Diokletian und Maximian schließlich ab und überließen die Herrschaft ihren Caesaren Galerius und Constantinus. Diese wählten neue Caesaren, doch es kam zu Auseinandersetzungen, die in einem Bürgerkrieg endeten. Constantinus' gleichnamiger Sohn konnte sich durchsetzen. Wir kennen ihn als Konstantin den Großen. Nach seinem Sieg über den letzten Gegner übernahm er 324 n.Chr. die Macht und regierte fortan als Alleinherrscher unter dem Titel *Totius orbis imperator* (Kaiser der ganzen Welt).

Als seine Residenz wählte

Kaiser Konstantin der Große machte Byzanz zur neuen Hauptstadt des Imperiums, die fortan den Namen Konstantinopel tragen sollte.

er das griechisch geprägte Byzanz am Bosporus und machte es zur neuen Hauptstadt des Imperiums, die fortan den Namen Konstantinopel tragen sollte. Der alte Adel blieb allerdings in Rom.

Konstantin übernahm die von Diokletian straff durchorganisierte Verwaltung und intensivierte das orientalische Hofzeremoniell bis hin zu demütiger Verehrung seiner Person.

Den Christen gegenüber, die bisher von den Kaisern verfolgt worden waren, zeigte er sich allerdings sehr milde. Die neue Religion wurde erstmals toleriert und ihre Ausübung nicht mehr unter Strafe gestellt. Christen erhielten nun auch die Möglichkeit, in den Beamten– oder Militärdienst einzutreten. 325 n. Chr. berief Konstantin die Bischöfe und christlichen Lehrer zu einer großen Kirchenversammlung, einem Konzil, nach Nicäa. Es hatte innerkirchliche Auseinandersetzungen um den Status von Christus gegenüber Gott gegeben, die durch die Ansichten eines Priesters namens Arius von

Älteste Zeichen der neuen Religion: Der Anker als Symbol für die Hoffnung und Fische als Sinnbild für Jesu Worte an den „Menschenfischer" Petrus.

Alexandria ausgelöst worden waren. Die westlichen Bischöfe formulierten ein Glaubensbekenntnis, Arius und seine Anhänger wurden aus der Kirche ausgeschlossen. Sie bildeten eine eigene Gemeinschaft und wurden fortan als Arianer bezeichnet.

Konstantin allerdings hatte mit diesem Konzil bewiesen, daß er sich nicht nur als Beschützer der Kirche, sondern als ihr oberster Herr betrachtete. Er selbst ließ sich allerdings erst auf dem Sterbebett taufen (337 n.Chr.).

REICHSTEILUNG

Konstantins gleichnamiger Sohn und Nachfolger wendete sich dem Arianismus zu, doch sollten die nächsten Jahrzehnte vom Wechsel der offiziellen Glaubensrichtung im Kaiserhaus geprägt sein. Erst unter Theodosius wurde das Christentum 391 n.Chr. Staatsreligion. Mit diesem Kaiser endete zugleich auch die Einheit des Römischen Reiches. Bereits in den Jahren zuvor hatten Thronstreitigkeiten und Mitkaisererhebungen die Macht immer wieder auf den westlichen und den östlichen Bereich verstreut.

Als Theodosius 395 n. Chr. starb, teilten seine Söhne die Herrschaft endgültig auf: Arcadius erhielt den Osten, Honorius den Westen. Es bildeten sich mit der Zeit eigenständige Reiche. Das Oströmische Reich wurde bald schon nach seiner Hauptstadt Byzanz benannt und ging eigene Wege. Das Kaisertum entfaltete sich hier sehr prachtvoll, Griechisch wurde die Staatssprache. Das Reich blieb stabil und bestand über 1000 Jahre lang, bis Konstantinopel im Jahre 1453 von den Türken erobert wurde.

Westrom mit seiner neuen Hauptstadt Ravenna hingegen

Nach der Reichsteilung ging das oströmische Reich, nun wieder Byzanz genannt, eigene Wege; Kaiser Justinian (Mitte) und Bischof Maximian (rechts)

war ein baldiges Ende beschieden. Nach wenigen Jahrzehnten unter schwächlichen Kaisern, überrannt durch anstürmende Völker wie Hunnen und Germanen, erlosch es schon 476 n. Chr. mit der Absetzung seines letzten Kaisers Romulus Augustulus durch den germanischen Feldherrn Odoaker.

Honorius, nach der Reichsteilung erster Kaiser von Westrom

ZEITTAFEL

753 v. Chr.	sagenhafte Gründung Roms durch die Zwillinge Romulus und Remus
510/509 v. Chr.	Vertreibung des letzten etruskischen Königs aus Rom durch Iunius Brutus; Beginn der Republik
um 510 v. Chr.	erster Handelsvertrag zwischen Rom und Karthago
494 v. Chr.	unblutiger Aufstand der Plebejer; Schaffung der Volkstribunen
450/451 v. Chr.	Zwölftafelgesetz
445 v. Chr.	Aufhebung des Eheverbots zwischen Patriziern und Plebejern
396 v. Chr.	Zerstörung der Etruskerstadt Veji durch die Römer; Bündnisse mit den umliegenden Städten
um 390 v. Chr.	keltische Stämme („Gallier") fallen in Italien ein
387 v. Chr.	Schlacht an der Allia; Gallier siegreich, besetzen Rom; Abzug gegen hohe Geldzahlungen; als Konsequenz erhält Rom eine neue Festungsmauer
367 v. Chr.	erster plebejischer Konsul
343–290 v. Chr.	Kriege gegen die Latiner/Samniten
348 v. Chr.	zweiter Handelsvertrag zwischen Rom und Karthago
323 v. Chr.	Tod Alexander des Großen
306 v. Chr.	dritter Handelsvertrag zwischen Rom und Karthago
ca. 300–272 v. Chr.	Kriege in Süditalien; Unterstützung für

	Tarent durch den Diadochenkönig Pyrrhus
272 v. Chr	Pyrrhus ergibt sich; ganz Italien bis auf den gallisch besetzten Norden nun unter römischer Herrschaft (Bundesgenossen)
264–241 v. Chr.	1. Punischer Krieg
241 v. Chr.	ein Stück Siziliens wird erste römische Provinz (als Folge des römischen Sieges über Karthago)
238 v. Chr.	Karthago tritt nach neuerlichen Auseinandersetzungen Sardinien und Korsika an Rom ab; beide Inseln werden römische Provinz
226 v. Chr.	Fluß Ebro vertraglich als Grenze zwischen Karthago und Rom auf der Iberischen Halbinsel
222 v. Chr.	Gallia Cisalpina wird Provinz
218–201 v. Chr.	2. Punischer Krieg
216 v. Chr.	Sieg Hannibals bei Cannae über die Römer
212 v. Chr.	Rom erobert Syrakus auf Sizilien
210 v. Chr.	Karthago räumt Sizilien gänzlich
202 v. Chr.	Schlacht von Zama; Scipio Africanus besiegt Hannibal
201 v. Chr.	Karthago kapituliert (als Folge der Schlacht von Zama)
197 v. Chr.	Hispania wird aufgeteilt und als Provinzen Hispania Citerior und Ulterior in das Reich integriert; kurze Zeit später Gallia Cisalpina weitere Provinz
191 v. Chr.	Niederlage des Seleukidenkönigs Antiochos III. gegen Rom bei den Thermopylen

190 v. Chr.	**Schlacht von Magnesia; Antiochos III. erneut besiegt**
188 v. Chr.	**Friedensschluß von Apamea: Aufgabe des Antiochos, die kleinasiatischen Gebiete fallen an das romfreundliche Pergamon**
168 v. Chr.	**Schlacht von Pydna; Rom siegt über die Griechen und Makedonen**
148 v. Chr.	**Makedonien wird römische Provinz**
149–146 v. Chr.	**3. Punischer Krieg; Zerstörung Karthagos; neue Provinz Africa entsteht**
146 v. Chr.	**Zerstörung Korinths; Griechenland wird in die Provinz Makedonien eingegliedert**
133 v. Chr.	**Ermordung des Volkstribunen Tiberius Gracchus**
133 v. Chr.	**Pergamons letzter König Attalos vererbt sein gesamtes Reich an Rom; es wird als neue Provinz Asia in das Reich integriert**
121 v. Chr.	**Ermordung des Volkstribunen Gaius Gracchus**
121 v. Chr.	**Gründung der römischen Kolonie Narbo; Landverbindung zwischen Gallia Cisalpina und Hispania Citerior wird hergestellt: neue Provinz Gallia Narbonensis**
111–105 v. Chr.	**Krieg gegen Jugurtha von Numidien**
107 v. Chr.	**erstes Konsulat des Gaius Marius**
105 v. Chr.	**Römer werden bei Arausio vernichtend von den Germanen geschlagen; Marius erneut Konsul (und jährlich wieder ge-**

	wählt bis 101 v. Chr.)
105–103 v. Chr.	Heeresreform des Marius
102 v. Chr.	Schlacht bei Aquae Sextiae; Marius besiegt die Teutonen und Ambronen
101 v. Chr.	Schlacht bei Vercellae; Marius besiegt die Kimbern
91–89 v. Chr.	Bundesgenossenkrieg; italische Bundesgenossen erhalten volles römisches Bürgerrecht
88 v. Chr.	Lucius Cornelius Sulla Konsul
88–84 v. Chr.	1. Krieg gegen Mithridates von Pontus; Sulla siegreich
86 v. Chr.	siebtes Konsulat und Tod des Gaius Marius
82 v. Chr.	Sullas Marsch auf Rom; Proskriptionen; Sulla Diktator
79 v. Chr.	Sulla legt freiwillig die Diktatur nieder und stirbt kurze Zeit später
73 v. Chr.	Sklavenaufstand unter Spartacus; Zerschlagung durch Marcus Licinius Crassus; Gnaeus Pompeius besiegt die restlichen Flüchtenden
70 v. Chr.	Konsulat von Pompeius und Crassus
67 v. Chr.	Oberbefehl des Pompeius gegen die Seeräuber
65–63 v. Chr.	2. Krieg gegen Mithridates von Pontus; Pompeius siegreich; drei neue Provinzen Bithynia, Cilicia und Syria; weitere kleinasiatische Herrschaftsbezirke (Cappadocia, Armenia etc.) verlieren ihre Selbständigkeit an Rom
63 v. Chr.	Verschwörung des Catilina

60 v. Chr.	**1. Triumvirat (Marcus Licinius Crassus; Gnaeus Pompeius und Gaius Julius Caesar)**
59 v. Chr.	**Caesar Konsul**
58–51 v. Chr.	**Caesar in Gallien; weitreichende Eroberungen**
56 v. Chr.	**Erneuerung des ersten Triumvirates**
55 v. Chr.	**Pompeius und Crassus Konsuln**
53 v. Chr.	**Niederlage und Tod des Crassus bei einem Feldzug gegen die Parther**
52 v. Chr.	**Pompeius wird *consul sine collega* (Konsul ohne Kollegen)**
49 v. Chr.	**Bürgerkrieg zwischen den Anhängern des Pompeius und Caesars; Caesar überschreitet den Rubikon und erobert Italien und Rom; Pompeius flieht**
48 v. Chr.	**Schlacht von Pharsalos; Caesar besiegt Pompeius; Pompeius flieht nach Ägypten und wird ermordet**
48–47 v. Chr.	**Caesars Krieg in Ägypten; Brand zerstört die Bibliothek von Alexandria**
47 v.Chr.	**Caesar siegreich; setzt Kleopatra als Königin Ägyptens ein**
46 v. Chr.	**Caesars Sieg über Pompeius' Anhänger bei Thrapsus; Rückkehr nach Rom**
45 v. Chr.	**Caesar läßt sich zum Diktator auf Lebenszeit ernennen; umfangreiche Reformen in Politik und Verwaltung**
44 v. Chr.	**Ermordung Caesars**
43 v. Chr.	**2. Triumvirat (Marcus Antonius, Octavian, Lepidus)**
36 v. Chr.	**Lepidus wird Pontifex Maximus und**

	damit politisch ausgeschaltet
36 v. Chr.	Marcus Antonius heiratet Kleopatra; Widerstand im Senat, Kriegserklärung an Ägypten; Octavian auf Seiten des Senats
31 v. Chr.	Schlacht bei Actium endet mit Sieg Octavians
30 v. Chr.	Einnahme Alexandrias durch Octavian; Antonius und Kleopatra begehen Selbstmord
29 v. Chr.	Ägypten wird römische Provinz

IULISCH-CLAUDISCHE DYNASTIE

27 v. Chr.	Octavian erhält den Titel „Augustus" und wird Alleinherrscher; Ende der Republik
15 v. Chr.	Vorstöße bis an die Donau; Raetia und Noricum als neue Provinzen
9 n. Chr.	sogenannte Schlacht im Teutoburger Wald bei Kalkriese (Osnabrück); drei römische Legionen vernichtend geschlagen; Rhein bleibt Reichsgrenze
14 n. Chr.	Tod des Augustus
14–37 n. Chr.	Kaiser Tiberius
31 n. Chr.	Hinrichtung des Sejanus
37–41 n. Chr.	Kaiser Gaius Caesar Germanicus, genannt „Caligula"
41–54 n. Chr.	Kaiser Claudius
43 n. Chr.	Eroberung Südbritanniens; neue Provinz Britannia

46 n. Chr.	**Eroberung großer Gebiete im Osten; neue Provinz Thracia**
54 n. Chr.	**Ermordung des Claudius durch seine zweite Frau Agrippina**
54–68 n. Chr.	**Kaiser Nero**
58–63 n. Chr.	**Partherkriege; enden mit Verständigungsfrieden**
60/61 n. Chr.	**keltische Stammesrevolte unter Königin Boudicca in Britannien wird niedergeschlagen**
64 n. Chr.	**Brand Roms**
68 n. Chr.	**Nero wird zur Flucht gezwungen und läßt sich von einem Freigelassenen töten**
68–69 n. Chr.	**Vierkaiserjahr: Galba, Otho, Vitellius und Vespasian**

FLAVISCHE DYNASTIE

69–79 n. Chr.	**Kaiser Vespasian; Niederschlagung der Rebellion in Judäa, Eroberung Jerusalems; Reformen in der Verwaltung und im Finanzwesen; Bau des Kolosseums**
79–81 n. Chr.	**Kaiser Titus**
79 n. Chr.	**ein Ausbruch des Vesuvs zerstört die Städte Pompeji, Herculaneum und Stabiae**
81–96 n. Chr.	**Kaiser Domitian**
84 n. Chr.	**erster Grenzwall gegen Schottland**
83 n. Chr.	**erfolgloser Feldzug gegen die Chatten; Rhein und Donau werden feste Reichsgrenzen; Besetzung des Decumatenlandes**

90 n. Chr.	Bau des Limes beginnt (als Sicherung des Decumatenlandes)
96 n. Chr.	Palastverschwörung; Ermordung Domitians; Damnatio Memorii

ADOPTIVKAISER

96–98 n. Chr.	Kaiser M. Cocceius Nerva; Abschaffung des dynastischen Prinzips durch Adoption des Spaniers Trajan und Ernennung zum Nachfolger
98–117 n. Chr.	Kaiser Trajan
101–105 n. Chr.	Dakerkriege; Dacia wird neue Provinz
106 n. Chr.	Eroberung des Nabatäerreiches; neue Provinz Arabia
117 n. Chr.	Sieg über die Parther; neue Provinzen Mesopotamia, Assyria und Armenia; größte Ausdehnung des römischen Imperiums
117 n. Chr.	Tod Trajans
117–138 n. Chr.	Kaiser Hadrian; Friedensschluß mit den Parthern, Gebiete werden zurückgegeben, Euphrat als östliche Grenze; Bau des Hadrianswalles als Grenze zu Schottland
135 n. Chr.	jüdischer Aufstand in Palästina; Feldzug dorthin endet mit erneuter Eroberung Jerusalems
138 n. Chr.	Tod Hadrians
138–161 n. Chr.	Kaiser Antonius Pius; Grenze zu Schottland bis an den Firth of Forth verschoben (Antoniuswall)

161–180 n. Chr.	**Kaiser Marcus Aurelius**
163 n. Chr.	**Schlacht von Dura Europos gegen die Parther; Rom besetzt erneut Mesopotamien**
175 n. Chr.	**Friede beendet die Markomannenkriege; endgültige Sicherung der Donaugrenze**
176 n. Chr.	**Marcus Aurelius erhebt seinen Sohn Commodus zum Mitregenten; Wiedereinführung der dynastischen Erbfolge**
178 n. Chr.	**2. Markomannenkrieg beginnt**
180 n. Chr.	**Tod des Marcus Aurelius bei Vindobona (Wien)**
180–192 n. Chr.	**Kaiser Commodus**
180 n. Chr.	**Commodus erkauft Frieden mit den Markomannen**
192 n. Chr.	**Commodus fällt einer Palastverschwörung zum Opfer**
193 n. Chr.	**Clodius Albinus, P. Niger, Helvius Pertinax, Didius Iulianus und Septimius Severus streiten um die Macht**

SEVERISCHE DYNASTIE

193–211 n. Chr.	**Kaiser Septimius Severus**
208 n. Chr.	**Feldzug gegen Britannien; Severus erhebt seine Söhne Geta und Caracalla zu Mitregenten**
211 n. Chr.	**Tod Severus' in Eburacum (York); Caracalla tötet seinen Bruder und dessen Anhänger und besteigt den Thron**

211–217 n. Chr.	Kaiser Caracalla; erfolglose Feldzüge gegen Parther und Alamannen
212 n. Chr.	Verleihung des römischen Bürgerrechts an alle Reichsbewohner durch Caracalla
217 n. Chr.	Ermordung Caracallas
217–235 n. Chr.	mehrere Neffen Caracallas übernehmen nacheinander die Herrschaft
235 n. Chr.	Heeresaufstand; Ermordung des letzten Severers (Alexander Severus)

SOLDATENKAISER

235–284 n. Chr.	26 Regierungswechsel; politisches Chaos; Periode der „Soldatenkaiser"
284–305 n. Chr.	Kaiser Diokletian; Feldherr Maximian als Mitkaiser und Regent der westlichen Gebiete
301 n. Chr.	Währungsreform des Diokletian
305 n. Chr.	Abdankung Diokletians und Maximians
305–324 n. Chr.	Thronstreitigkeiten; Bürgerkrieg
312–324 n. Chr.	Konstantin und Licinius können sich durchsetzen; gemeinsame Regentschaft
324–337 n. Chr.	Konstantin Alleinherrscher (Titel *totius orbis imperator*)
324 n. Chr.	Konstantin eint beide Reiche
325 n. Chr.	Konzil von Nicäa
330 n. Chr.	Konstantinopel wird Hauptstadt
337 n. Chr.	Taufe und Tod Konstantins; Reichsteilung in drei Teile

337–392 n. Chr.	**wechselnde Herrscher; dauernde Thronstreitigkeiten und Mitkaisererhebungen; schließlich wieder Reichseinigung**
376 n. Chr.	**Beginn der Völkerwanderung**
391 n. Chr.	**Christentum wird Staatsreligion**
392–395 n. Chr.	**Theodosius setzt sich als Alleinherrscher durch**
395 n. Chr.	**Tod des Theodosius; endgültige Reichsteilung unter seinen Söhnen: Arcadius erhält den Osten mit Konstantinopel/Byzanz, Honorius den Westen mit Ravenna als Hauptstadt**
406/408 n. Chr.	**Aufgabe Britanniens; die römischen Truppen werden abgezogen**
410 n. Chr.	**Plünderung Roms durch die Westgoten (Alarich)**
452 n. Chr.	**die Hunnen unter Attila in Italien**
455 n. Chr.	**Plünderung Roms durch die Vandalen**
476 n. Chr.	**Absetzung des letzten weströmischen Kaisers Romulus Augustulus durch Odoaker; Ende des weströmischen Reiches**
1453 n. Chr.	**Eroberung Konstantinopels/Byzanz' durch die Türken; Ende des oströmischen Reiches**

LITERATURTIPS ZUM WEITERLESEN

Alföldy, Gesa: Römische Sozialgeschichte, Wiesbaden 1984

Bechert, Tilmann: Die Provinzen des Römischen Reiches. Einführung und Überblick, Mainz 1999

Bengtson, Hermann: Römische Geschichte. Republik und Kaiserzeit bis 284 n. Chr., München 2001

ders.: Die Flavier. Vespasian, Titus, Domitian, München 1990

ders.: Kaiser Augustus, München 1988

ders.: Marcus Antonius. Triumvir und Herrscher des Orients, München 1991

Bleicken, Jochen: Geschichte der Römischen Republik, Stuttgart 1999

ders.: Die Verfassung der Römischen Republik, Stuttgart 1995

ders.: Verfassungs– und Sozialgeschichte des Römischen Kaiserreiches, Bd. 1 Stuttgart 1995, Bd. 2 Stuttgart 1994

ders.: Zwischen Republik und Prinzipat. Zum Charakter des zweiten Triumvirats, Göttingen 1998

ders.: Augustus. Eine Biographie, Berlin 2000

Bringmann, Klaus: Römische Geschichte. Von den Anfängen bis zur Spätantike, München 2002

ders.: Geschichte der Römischen Republik, München 2002

Carcopino, Jérôme: Rom. Leben und Kultur in der Kaiserzeit, Ditzingen 1992

Christ, Karl: Die Römer. Eine Einführung in ihre Geschichte und Zivilisation, München 1994

ders.: Geschichte der römischen Kaiserzeit von Augustus bis Konstantin, München 2002

ders.: Caesar. Annäherungen an einen Diktator, München 1994

ders.: Sulla, München 2002

Clauss, Manfred: Die Römischen Kaiser. 55 historische Portraits von Caesar bis Iustinian, München 2001

Cornell, Tim und Matthews, John: Weltatlas der Alten Kulturen – Rom, München 1991

Cunliffe, Barry: Rom und sein Weltreich, Bergisch-Gladbach 1994

Dalheim, Werner: Geschichte der römischen Kaiserzeit, 1989

Demandt, Alexander: Das Privatleben der römischen Kaiser, München 1997

ders.: Die Spätantike. Römische Geschichte von Diocletian bis Justinian 284–565 n. Chr., München 1998

ders.: Der Fall Roms. Die Auflösung des Römischen Reiches im Urteil der Nachwelt, München 1984

Die Welt der Römer, hrsg. von Otto Leggewie, Münster 1991
Grant, Michael: Die römischen Kaiser von Augustus bis zum Ende des Imperiums, Bergisch Gladbach 1996
Handbuch der europäischen Wirtschafts- und Sozialgeschichte, hrsg. von Friedrich Vittinghoff, Band 1: Europäische Wirtschafts- und Sozialgeschichte in der römischen Kaiserzeit, Stuttgart 1990
Harris, Nathaniel: Illustrierte Geschichte – Römisches Reich. Staatswesen, Alltagsleben, Kultur, Wien 2001
Heftner, Herbert: Der Aufstieg Roms, Regensburg 1997
Heuss, Alfred: Römische Geschichte, Paderborn 2001
Gesche, Helga: Rom – Welteroberer und Weltorganisator, München 1981
van der Gieth, Hans-Jürgen: Leben und Alltag im Alten Rom, Kempen 2000
Gottschalk, Gisela: Die großen Caesaren. Ihr Leben, ihre Taten, ihre Zeit, Bern/München 1980
Martin, Jochen: Spätantike und Völkerwanderung, 2001
Mommsen, Theodor: Römische Geschichte, 3 Bde in 5 Büchern, Leipzig 1854–56 und1885; dtv-Neuauflage 2001
Schuller, Wolfgang: Das Römische Weltreich. Von der Entstehung der Republik bis zum Ausgang der Antike, Stuttgart 2002
Schumacher, Leonhard: Sklaverei in der Antike. Alltag und Schicksal der Unfreien, München 2001
Söllner, Alfred: Einführung in die römische Rechtsgeschichte, München 1990
Streifzüge durch die antike Welt. Ein historisches Lesebuch, hrsg. von Andreas Patzer, München 1995
Sueton, Caesarenleben, hrsg. von Max Heinemann, bearb. von Reinhard Häussler, Stuttgart 2001
Verfall und Untergang des Römischen Reiches, hrsg. von Edward Gibbon und Dero A. Saunders, Nördlingen 2000
Weeber, Karl-Wilhelm: Alltag im Alten Rom. Ein Lexikon, Düsseldorf 2001
ders.: Alltag im Alten Rom. Das Landleben, München/Zürich 2000
Wells, Colin: Das Römische Reich, dtv-Geschichte der Antike Bd. 6, München 1984
Wolters, Reinhard: Die Römer in Germanien, München 2000
Yourcenar, Marguerite: Ich zähmte die Wölfin. Die Erinnerungen des Kaisers Hadrian, München 1998

BILDQUELLEN

Seite 5: nach einer etrusk. Bronzefigur, 5. Jh v.Chr.; die Zwillinge von Pollaiolo kamen erst im 15. Jh dazu; Bibliothèque Nationale, Paris • Seite 7: Kapitolinische Museen, Rom • Seite 8: Atelier Vladi • Seite 10: Atelier Wolf • Seite 12: nach einem Gemälde aus dem 19. Jh; Maccari; Villa Madama, Rom • Seite 14: nach einer bronzenen Votivplastik,4. Jh v.Chr.; gefunden bei Arezzo; Archivio Scala, Florenz • Seite 17: Terracotta-Köpfe, 6.-5. Jh v.Chr.; Archivio Scala, Florenz • Seite 19: nach einem Portrait aus dem 4. Jh; Bibliothèque Nationale, Paris • Seite 20: Atelier Vladi • Seite 22: Zeichnung nach einem Foto von Mondadori-Kodansha Ltd., Tokyo • Seite 25: Relief aus dem Fortuna-Tempel in Praeneste (Palästrina, Italien), 2. Hälfte1. Jh v.Chr.; Musei Lateranensi, Rom • Seite 27: Zeichnung nach einem Foto von Araldo De Luca • Seite 30: Mosaik aus der Villa des Faun, Pompeji; 1.-2. Jh v.Chr.; Museo Nazionale, Neapel • Seite 32/33: Atelier Vladi • Seite 37: nach einem Relief,1. Jh v.Chr.; Staatl. Antikensammlung und Glyptothek, München • Seite 39: etrusk. Bronzestatue, 2.-1. Jh v.Chr.; Bibliothèque Nationale, Paris • Seite 42: Archivio Scala, Florenz • Seite 44: Zeichnung nach einer Figur, 3. Jh v.Chr.; Staatliche Museen Preuß. Kulturbesitz, Berlin • Seite 47: Archivio Scala, Florenz • Seite 50: Mosaik,2. Jh. n.Chr.; Archivio Scala, Florenz • Seite 52/53: Atelier Vladi • Seite 55: Archivio Scala, Florenz • Seite 57: Atelier Vladi • Seite 59: Staatliche Museen Preuß. Kulturbesitz, Antikensammlung, Berlin • Seite 63: Kapitolinische Museen, Rom • Seite 65: Zeichung nach einer Statue im Archäologischen Park, Xanten • Seite 68: Archivio Scala, Florenz • Seite 71: Museu Nazionale, Rom • Seite 73: Trustees of the British Museum, London • Seite 74: Archivio Scala, Florenz • Seite 75: Foto: Claudia Beckers-Dohlen • Seite 77: Trustees of the British Museum, London • Seite 78: Archivio Scala, Florenz • Seite 79: Kapitolinische Museen, Rom • Seite 80: Museo Nazionale, Rom • Seite 81: Bibliothèque Nationale, Paris • Seite 82/83: Atelier Vladi • Seite 84: Kapitolinische Museen, Rom • Seite 86: Bibliothèque Nationale, Paris • Seite 87: Archivio Scala, Florenz • Seite 89: Worcester Art Museum, Massachusetts, USA • Seite 91: Zeichnung nach einem Foto von Araldo De Luca • Seite 92: Dom Tg OL, Rom • Seite 94: Mosaik von 547 n.Chr. aus der Kirche S. Vitale, Ravenna • Seite 95: Elfenbeindiptychon von 406 n.Chr. aus der Kathedrale von Aosta

Ulrich Lehnart

KLEIDUNG & WAFFEN

DER FRÜH- UND HOCHGOTIK 1150 - 1320

ISBN 3-935616-00-7 **Bestell-Nr. 616 007**

Euro [D]: **22,00**

2001. 128 Seiten, 8 Farbtafeln & zahlreiche s/w-Abbildungen. Gb., Format: 20,5 x 27 cm

Ulrich Lehnart

KLEIDUNG & WAFFEN

DER SPÄTGOTIK, I • 1320 - 1370

ISBN 3-9805642-8-2 **Bestell-Nr. 564 282**

Euro [D]: **21,47**

2000. 120 Seiten, 8 Farbtafeln & zahlreiche s/w-Abbildungen. Gb., Format: 20,5 x 27 cm

Ulrich Lehnart

KLEIDUNG & WAFFEN

DER SPÄTGOTIK, II • 1370 - 1420

ISBN 3-935616-11-2 **Bestell-Nr. 616 112**

Euro [D]: **22,00**

2002. 120 Seiten, 8 Farbtafeln & zahlreiche s/w-Abbildungen. Gb., Format: 20,5 x 27 cm